CARLA DEL PONTE

IM NAMEN DER
OPFER

CARLA DEL PONTE

mit Roland Schäfli

IM NAMEN DER OPFER

Das Versagen der UNO
und der internationalen Politik
in Syrien

Giger

1. Auflage 2018
© Giger Verlag GmbH, CH-8852 Altendorf
Telefon 0041 55 442 68 48
www.gigerverlag.ch
Lektorat: Monika Rohde, Leipzig
Umschlaggestaltung:
Hauptmann & Kompanie Werbeagentur, Zürich
Umschlagfoto: Markus Senn
Layout und Satz: Roland Poferl Print-Design, Köln
Druck und Bindung: GGP Media GmbH, Pößneck
Printed in Germany
ISBN 978-3-906872-53-7

Inhalt

Karte: Syrien und angrenzende Länder 7

Der Anruf 9
Im Auftrag des UNHRC 15
Mord und Totschlag werden Alltag 24
Der erste Bericht vor der UNO 41
Zwischenspiel in Argentinien 54
Ein Flüchtlingsjunge im Königreich 61
Verletzte Ärzte 69
Ausgebombt 82
Vertrieben aus dem Land der Gottlosen 91
Leben unter der schwarzen Fahne 99
Die Vernichtung der Yazidi 110
Die NGOs, unsere Augen und Ohren in Syrien 121
»Wollt ihr sie haben?« 131
Wer trug die Schuld am Luftangriff? 144
Vergiftete Politik 151
Syriens Herz versagt 162
Alles umsonst? 177

Dank 189

– 5 –

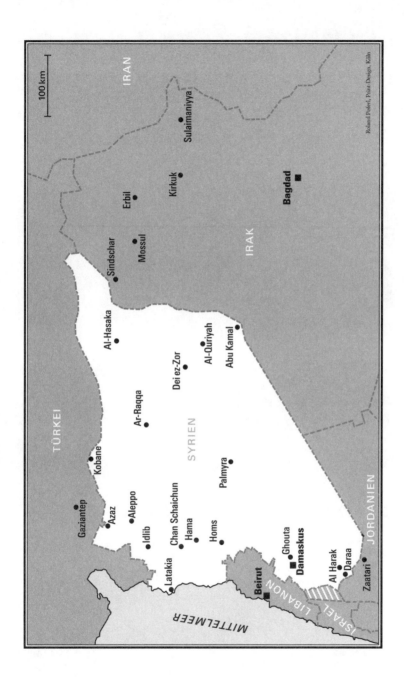

Der Anruf

Solche Anrufe kommen immer aus heiterem Himmel. Sie kündigen sich nicht an. Es gab keine Vorzeichen, nicht die kleinste Andeutung. Ich stand gerade am Abschlag des Golfplatzes von Ascona, und da die Clubregeln Mobiltelefone auf dem Rasen untersagen, nahm ich den Anruf am Rand des Courts entgegen. Es war das EDA, Jean Daniel Ruch. Weil solche Telefonate überraschend kommen, werden sie von Personen geführt, denen man vertraut, und Ruch kannte ich gut. Er war auf dem Balkan mein politischer Berater gewesen. Die Schweiz wolle mich als Kandidatin für die UNO-Untersuchungskommission aufstellen. »Wo? ... Syrien?« Ruch – er ist heute unser Botschafter in Israel – wusste besser als ich über Syrien Bescheid, zu diesem Zeitpunkt war er als Repräsentant der Schweiz im Nahen Osten eingesetzt.

Der März 2011 war in zweierlei Hinsicht ein wichtiges Datum für mich. Im März war ich aus Buenos Aires in meine Heimat zurückgekehrt, ins Tessin, wo der Golfplatz mich magnetisch anzog. Der Geruch des frisch gemähten Rasens, die Konzentration auf das Wesentliche, dann das Geräusch des Balls beim Abschlag. Von hier reichte der Blick bis in die Berge mit ihren Schneekappen. Meine verchromten Golfschläger waren blank poliert, und ich machte guten Gebrauch von ihnen. Seit meiner Rückkehr hatte ich mich zu jedem Turnier von hier bis Losone gemeldet, mit wachsender Zuversicht, mein Handicap endlich unter 20 zu bringen. Mit anderen Worten: Ohne mich als Rentnerin zu fühlen, genoss ich diesen neuen Lebensabschnitt. Der März 2011 markierte jedoch auch ein unrühmliches Kapitel in unserer jüngeren Geschichte: den Ausbruch der bewaffneten Feindseligkeiten in Syrien. »Sie sind schließlich keine Unerfahrene in der internationalen Verbrecherjagd«, sagte Ruch am anderen Ende der Leitung, »darum sind Sie die Einzige in der Schweiz, die für diese Kommission infrage kommt.« Ruch verstand es, die richtigen Knöpfe zu drücken. Aber sicherlich übertrieb er. Was wusste ich schon von Syrien? Nicht mehr als jeder interessierte Zeitungsleser.

Die Welle des »Arabischen Frühlings«, eine Serie von Protesten und Aufständen in der Arabischen Welt, begann in Tunesien und erreicht schließlich Syrien. Am 4. Februar initiiert die regimekritische Opposition mit wenig Resonanz ihren »Tag des Zornes«. Doch am 15. März verhaften Sicherheitskräfte in der südsyrischen Stadt Daraa Schulkinder – weil sie regimekritische Graffitis auf Hauswände gemalt haben. Einige der Kinder landen im Folterkeller. Zwei Tage danach werden friedliche Demonstrationen in Daraa mit Gewalt unterbunden und der Syrienkonflikt zählt seine ersten fünf Todesopfer (man wird Daraa künftig die »Wiege der Revolution« nennen). Die weiterhin friedlichen Kundgebungen greifen in den nächsten Tagen auf andere Landesteile über. Da beträgt der Blutzoll der Opposition schon über 100 Menschenleben.

Noch im selben Monat jedoch gibt der Präsident, Baschar al-Assad, Anlass zur Hoffnung auf eine friedliche Beilegung. Er kündigt die Freilassung der verhafteten Demonstranten an. Assad beauftragt den neuen Ministerpräsidenten mit der Bildung einer neuen Regierung, ja er hebt sogar den seit 1963 geltenden

Ausnahmezustand auf, womit er eine der wichtigsten Forderungen seiner Gegner erfüllt. Doch nur Tage darauf gehen seine Sicherheitskräfte mit äußerster Brutalität gegen Demonstranten vor, die zu Dutzenden tot auf den Straßen liegen bleiben. Dann lässt der Machthaber Daraa abriegeln. Am 29. April setzt US-Präsident Barack Obama Sanktionen gegen syrische Regierungsmitglieder in Kraft. Gleichzeitig rufen die in London ansässigen syrischen Muslimbrüder zum Widerstand gegen Assad auf. Die großen Player des größten Stellvertreterkriegs der Neuzeit bringen sich in Position. Am selben Tag verurteilt der Menschenrechtsrat der UN* erstmals die Gewaltanwendung des Regimes, verbunden mit der Forderung einer Untersuchung. Was ist mit dem 13-jährigen Jungen geschehen, der bei der Demonstration in Daraa festgenommen wurde? Seine verstümmelte Leiche wird der Familie zurückgegeben. Er ist augenscheinlich zu Tode gefoltert worden. Menschenrechte scheinen in dem Staat mit seinen 21 Millionen Einwohnern nicht mehr viel zu gelten. So viel war der Welt bekannt, und mehr wusste ich auch nicht.

Schon als mein Ruhestand noch weit weg schien, war ich dem Golfclub beigetreten; selbst die Wohnung im Appartementhaus an der Straße zum Monte Verità hatte ich voller Vorfreude gekauft, als ich noch in Den Haag war. Ihre Glasscheiben bestehen aus Panzerglas. Der Bund hat sie für den Fall einsetzen lassen, falls jemand auf die Idee kommen könnte, sich für meine Arbeit zu revanchieren. Ich hatte mir als Chefanklägerin des internationalen Strafgerichtshofs (ICTY, manchmal auch das »Kriegsverbrechertribunal« der UN genannt) für das ehemalige Jugoslawien

* United Nations, Zusammenschluss von 193 Staaten als United Nations Organization (Organisation der Vereinten Nationen). Abgekürzt als UNO oder kurz UN.

ein paar mächtige Feinde gemacht und stand unter dem Schutz der Bundespolizei. Ich ließ mögliche Attentate nicht von meinen Gedanken Besitz ergreifen. Selbst der Sprengstoffanschlag in Sizilien von 1989 war nur noch eine verblassende Erinnerung. Doch nach Buenos Aires wollte ich von der Öffentlichkeit vergessen werden, nur noch bei meiner Familie gefragt sein.

Von der Terrasse aus konnte ich ganz Ascona überblicken. Hätte ich noch geraucht, wäre dies wohl ein idealer Moment gewesen, doch ich hatte meiner früheren Lieblingsbeschäftigung abgeschworen und alle Aschenbecher aus meiner Nähe verbannt. Das hat man davon, wenn man die Schwester von Ärzten ist. Sie reden einem pausenlos ins Gewissen.

Auch auf der Terrasse war ich seitlich durch eine Scheibe geschützt, an der jede Kugel abprallt. Gott sei gedankt für Panzerglasscheiben! Einmal war ein Wagen beschossen worden, in dem ich saß. Der Schuss war nicht zu hören, wohl aber sieht man den Aufschlag, wenn das Fenster splittert. An so etwas gewöhnt man sich nicht. Und dann die Beschimpfungen. Der damalige Justizminister Serbiens hatte mich in einem Schmähbrief als »die Hure Del Ponte« tituliert. Entlang einer serbischen Autobahn stand auf Werbeplakaten »Karla, die Hure« (mich störte eher, dass mein Name in Serbisch mit »K« geschrieben war). Die Mafiosi hatten mir den Übernamen »La Puttana« verpasst. Und im Tessin hatte der Präsident der Lega dei Ticinesi, Giuliano Bignasca, mir als Staatsanwältin den Kosenamen »Carlita la peste« verliehen.

Ich war keine Anpasserin und bin es gewohnt, gegen den Strom zu schwimmen. Madeleine Albright, die Außenministerin der USA, hatte einmal nach einem überstürzten Meeting am Flughafen Heathrow einige Karteikarten vergessen. Darauf standen Eintragungen, wie mit der Del Ponte am besten umzugehen ist. Einige Zeit später ließ ich es mir nicht nehmen, ihr die »Betriebsanleitung für Del Ponte« zurückzugeben. Ich sagte ihr, dass ich – aus »historischem Interesse« – eine Kopie behalte. Denn es war schon eine lesenswerte Lektüre, wie politisch unangepasst ich sei.

»Wie lange soll das Engagement denn dauern?«, wollte ich wissen. Jetzt war Alexandre Fasel am Apparat, unser Schweizer UNO-Botschafter in Genf; heute ist er unser Botschafter in Großbritannien. Sämtliche Diplomaten schienen meine Privatnummer zu haben. »Drei, maximal acht Monate«, sicherte er mir zu. Den grünen Rasen von Ascona mit den ausgedörrten Wüsten von Syrien tauschen? Ich las ja noch immer mit Vorliebe die Berichte aus Den Haag, wo die Prozesse des Jugoslawien-Tribunals zum Abschluss gebracht wurden. Die Anstrengungen zur Festnahme des untergetauchten Serbenführers Radovan Karadžić und seines Generals Ratko Mladić waren noch nicht von Erfolg gekrönt. Beide liefen frei herum. Ich stand in Kontakt mit meinem Nachfolger am Kriegsverbrechertribunal. Nur eine Frage der Zeit, dessen war ich mir gewiss, bis unsere Strategie zum Ziel führen würde. Und als die Nachricht kam, dass man Karadžić festgesetzt hatte, war ich überglücklich. Er hatte unbehelligt in Belgrad als »Alternativmediziner« gearbeitet. Es war tatsächlich das einzige Mal, dass ich bereute, nicht mehr dazuzugehören. Nur zu gern hätte ich ihn einvernommen, 12 Jahre, nachdem sein Haftbefehl ausgestellt worden war. *Wer waren Ihre Fluchthelfer?* Das hätte ich ihn gern selbst gefragt. Schließlich hatten wir mehrere Male Kenntnis von seinem Aufenthaltsort, doch stets wurde er vor dem Zugriff gewarnt. Seine Völkermordtaten brachten ihm 40 Jahre ein. Eine geringe Genugtuung für die Menschen von Srebrenica.

Auf dem Balkan und als Chefanklägerin im Ruanda-Prozess hatte ich viele schlimme Dinge gesehen. Und doch, meine Psyche hatte offenbar nichts zu verarbeiten. Da tauchten keine Bilder vor meinem geistigen Auge auf, nachts schlief ich wie ein Murmeltier. Doch wollte ich wirklich wieder an Massengräbern stehen, Exhumierungen von Leichen aus Senkgruben anordnen? Ich hatte ja praktisch erst meine Koffer ausgepackt, war noch nicht ganz zu Hause angekommen.

Sollte ich den Posten annehmen, würden irgendwo bestimmt neue Karteikarten ausgestellt werden: Del Ponte, Carla, unangepasst. Aber ich musste mir eingestehen: Menschenrechtsverletzungen – egal wo auf der Welt – würden immer Teil meines Lebens bleiben, und diese Art von Arbeit verlangte nach einer unangepassten Person. Ich sagte dem EDA zu. Besprach mich mit niemandem. Schließlich, so dachte ich mir, wäre die Aushilfe bei der UNO nur eine Art »Teilzeitbeschäftigung«. Ich war gespannt, welchen Schimpfnamen man sich dieses Mal für mich einfallen lassen würde.

Im Auftrag des UNHRC

Als ich im März 2012 zur UN nach Genf reiste, zogen sich die UN-Beobachter gerade aus Damaskus zurück. Rebellen hatten das Stadtzentrum mit Mörserbeschuss belegt und um ein Haar ihr Hotel getroffen. Die Arabische Liga hatte ihre Beobachter aus der Syrien-Mission bereits abgezogen. Die UN und die Arabische Liga hatten daraufhin den ehemaligen UN-Generalsekretär Kofi Annan zum Sondergesandten für Syrien ernannt. Er sollte zwischen den Kriegsparteien vermitteln. Ein kleines Kommando von 250 unbewaffneten UN-Soldaten sollte eine Waffenruhe beobachten (die umgehend gebrochen wurde). Der UN-Sicherheitsrat scheiterte ein ums andere Mal beim Versuch, eine Resolution zur Verurteilung der Gewalt zu verabschieden. Russland und China hielten zu Assad und blockten dies mit ihrem Veto ab. Währenddessen debattierte in Brüssel die EU, ob nach dem Embargo, das bis Mai bestehen sollte, Waffen an die Rebellen geliefert werden könnten (Frankreich und Großbritannien waren dafür).

Nicolas Sarkozy hatte die Assad-Regierung scharf für den Tod von französischen Journalisten kritisiert. Die Arabische Liga hatte Syrien aus der Mitgliedschaft entlassen. Recep Tayyip Erdoğan hatte alle türkischen Staatsbürger aufgefordert, Syrien zu verlassen. An der Grenze zu Israel kam es zu Schusswechseln zwischen israelischen Truppen und einem syrischen Militärposten. Kurz: Die Destabilisierung der Region war in vollem Gang.

Der Generalsekretär der Vereinten Nationen, Ban Ki-moon, bezifferte die Zahl der bisherigen Opfer mit 70 000. Die UN-Hochkommissarin für Menschenrechte, Navanethem Pillay, hatte Assad den Tod Tausender Zivilisten vorgeworfen. Und: Pillay hatte dem UN-Sicherheitsrat empfohlen, den Internationalen Strafgerichtshof anzurufen. Die Frau hatte verstanden, worum es ging. Just zu diesem Zeitpunkt betrat ich die Bühne – Ex-Strafanklägerin, Ex-Bundesanwältin. Reaktivierte Verbrecherjägerin.

Von den Vorgängen im fernen Syrien war in den Räumen des Genfer Palais Wilson nichts zu spüren. Auf den sonnendurchfluteten Fluren, über marmorne Treppen mit schmiedeeisernen Geländern, waren UNO-Mitarbeiter ohne erkennbare Hektik unterwegs. Sie trugen Akten von einer Etage in die andere, unterhielten sich mit leisen Stimmen und taten, was man als Angestellter einer globalen Organisation mit 193 Staatsmitgliedern zu tun hat. Der direkt am See liegende, wertbeständige Gebäudekomplex unterhielt das Amt des Hohen Kommissars der Vereinten Nationen für Menschenrechte (UNHCHR). Und die Hochkommissarin – ich kannte »Navi« aus Den Haag, wo sie die Robe einer Richterin getragen hatte – flüsterte mir zu: »Carla, kannst du uns in der Schweiz nicht ein anderes Gebäude finden? Dieses wird zu klein!« Die Schweiz hatte der UN den ehrenwerten Palais mietfrei überlassen, doch er platzte aus allen Nähten. Der Bund hatte aber keinen anderen Palast in petto, den er zum Nulltarif zur Verfügung stellen konnte.

Dieser Bau sollte während der kommenden Monate die Basis unserer Kommission sein. Noch war meine Aufgabe nicht genau formuliert und meine Aufnahme in dieses Gremium unbestätigt. Paulo Sérgio Pinheiro hieß mich höflich willkommen.

– 16 –

Der 1944 geborene Brasilianer war 2011, verhältnismäßig bald nach Ausbruch der Kämpfe, zum Kopf dieser Kommission gemacht worden. Er hatte bereits eine lange UNO-Karriere hinter sich. Noch länger war seine akademische Laufbahn. Ich lernte die andere Frau in der Kommission kennen, Karen Koning AbuZayd. Sie war dem Präsidenten treu ergeben. Die 1941 geborene Amerikanerin hatte sich in UN-Kreisen einen Namen in Flüchtlingsfragen gemacht. Neu für die Kommission vorgeschlagen war zusätzlich der Thailänder Vitit Muntarbhorn – er war einige Jahre jünger als der Rest von uns, galt jedoch bereits als Experte auf dem Gebiet der Menschenrechte. An der Universität Bangkok lehrte er Rechtswissenschaften. Die UNO hatte ihn 2004 für sein Engagement in der Lehre der Menschenrechte ausgezeichnet.

Ein recht illustres Grüppchen also, dennoch blieb mir nicht verborgen, dass die Besetzung keinen einzigen Ermittlungsexperten aufwies. Ich war die Ausnahme. Und doch war das Mandat bereits um einen wichtigen Zusatz erweitert worden: In Resolution S-17/1 erteilte das Human Rights Council (HRC) den Auftrag, alle angeblichen Verstöße gegen die Menschenrechte seit März 2011 in Syrien zu untersuchen. Und – das war der entscheidende Punkt – wo immer möglich die Verantwortlichen festzustellen. Sie haftbar zu machen. Das klang schon mehr nach mir. Die Kommissäre sollten also in unserer Mission übereinstimmen, Fakten und Umstände zu belegen. Unsere Gruppe wäre ein »Fact-Finding Body«. Auf begründeten Verdacht hin würden wir zuverlässige Beweise zusammentragen. Um diesen Teil des Mandats zu erfüllen, musste belastendes Material sichergestellt werden, mit dem Ziel, die Verantwortlichen dereinst vor Gericht der Menschenrechtsverletzung überführen zu können.

Dazu waren natürlich Informationen aus erster Hand notwendig, die Einvernahme von Zeugen und Opfern.

Die »Swiss Mission«, wie sie gemeinhin genannt wird (Mission of Switzerland to the UN) in der Person von Alexandre Fasel hatte unser erstes Zusammenkommen arrangiert. Wir stießen mit einem Becher Kaffee in der Cafeteria des »Wilson« auf gute Zusammenarbeit an. Die Amtssprache unserer Gruppe war Englisch. Fasel äußerte mir gegenüber seine Bedenken: »Ich weiß nicht, ob Paulo Sérgio Pinheiro dich als Mitglied akzeptieren wird.« Da ich einen guten ersten Eindruck gewonnen hatte, erstaunte mich Fasels Einschätzung. »Habe ich mich nicht gut benommen?« Fasel schüttelte den Kopf. »Du bist als ehemalige Chefanklägerin überqualifiziert.« Bisher hatte die Kommission auf dem diplomatischen Parkett wenig erreicht. In ihrem ersten Bericht hatte sie sich »gravely concerned« gezeigt – sehr besorgt über die Vorgänge in Syrien. Ich hatte mich von Pinheiros angenehmem Wesen überzeugen lassen, dass wir die Sache gemeinsam anpacken würden, und er schien auch von mir eingenommen. Fasel war erstaunt, als Pinheiro am UNHRC meine Ernennung befürwortete. Meines Wissens hatte das EDA ohnehin keinen Back-up-Kandidaten in der Hinterhand.

Erst als sich alle verabschiedeten, fiel mir auf, dass die Kommissäre in verschiedenen Hotels logierten – jeder hatte seine Unterkunft nach eigenem Gutdünken gewählt. Ich sollte erwähnen, dass wir pro bono tätig waren. Ein teures Genfer Hotel hätte das Spesenkonto gesprengt, das man uns gewährte. Dennoch war ich überrascht, dass wir nicht unter einem Dach lebten. In ihrer früheren Zusammensetzung hatte die Kommission sich bereits mit Mitgliedern aller regionalen Gruppen getroffen, einschließlich der Liga der arabischen Staaten und der Organisation der Islamischen Zusammenarbeit. Mit Vertretern von NGOs, Menschenrechtsvertretern und weiteren Experten hatte man sich ebenfalls ausgetauscht. Alle Personen und Organisationen, die relevante Informationen liefern konnten, waren aufgerufen, sich bei der Kommission zu melden. Zweimal jährlich sollte sie dem UNHRC Bericht erstatten. Der Sicherheitsrat nahm anschließend vom Bericht Kenntnis, jedoch nicht formell. Schon in seiner ersten Zusammenfassung der Ereignisse sprach der Rapport von einer »substanziellen Beweislast« und »schwerwiegenden Verletzungen« der Menschenrechte durch das syrische Militär und die Sicherheitskräfte des Regimes.

Die Missachtung der Menschenrechte war in Syrien freilich kein neuer Zustand. Schon 1982 war es zu beträchtlichen Verstößen gekommen, als die Muslimbrüder in der Stadt Hama den Aufstand probten. Die syrischen Streitkräfte bombardierten damals die Stadt, geschätzte 25 000 Menschen verloren ihr Leben. Dieser Massenmord war ungesühnt geblieben und warf seine Schatten voraus auf die Gräueltaten, die noch kommen sollten. An der Macht war seit dem Militärputsch 1971 Hafiz al-Assad. Mit ihm kamen ganze Dekaden der Unterdrückung. Seit einem halben Jahrhundert wurde Syrien von der Arabisch Sozialistischen Baath-Partei als Einparteiensystem regiert. Das syrische Herrschaftssystem ist nichts anderes als eine Militärdiktatur, geführt von der Minderheit der Alawiten. Es wurde darum allgemein als Lichtblick gewertet, als Hafiz' Sohn Baschar im Jahr 2000 an die Macht kam (selbst wenn Syrien damit zur präsidialen Monarchie wurde). Tatsächlich rief der junge Präsident einen Reformprozess aus. Nicht ungeschickt, wie er sich mit der Zeit der alten Staatselite entledigte und in seinen ersten sechs Amtsjahren 14 Ministerien neu besetzte. In seiner Vereidigungsrede sprach Baschar gar von Bürgerrechten. Offenbar, so durfte der Westen hoffen, wurden da zaghafte Schritte zur Demokratisierung gemacht.

Die geopolitisch brisante Lage des Staates erlaubte es dem jungen Assad nicht, seine Ziele in Ruhe zu verfolgen: Kaum im Amt, entbrannte die »zweite Intifada«, der gewaltsame Konflikt zwischen Palästina und Israel, dann kam 9/11 und 2003 der Irakkrieg. Auf die Ermordung des libanesischen Premiers Rafik Hariri 2005 zogen sich die syrischen Truppen aus dem Libanon zurück, woraufhin 2006 der Libanonkrieg und 2009 der Gaza-Krieg ausgetragen wurden. Nachdem Assad sich die Macht gesichert hatte, wurde der politische Öffnungsprozess beendet. Die Forderungen seiner politischen Gegner gingen ihm zu weit. Er begann damit, seine Kritiker ins Gefängnis zu stecken. Der Appell der Opposition, mit der »Damaszener Erklärung« den jungen Präsidenten an seine Versprechen zu erinnern, lief ins Leere.

Auf mich machte der 1965 geborene Baschar anfangs noch den Eindruck eines Juniorchefs, der gegen seinen Willen das Familienunternehmen übernehmen muss. Denn eigentlich war sein älterer Bruder Basil als Präsidenten-Nachfolger vorgesehen. Baschar hatte sich bereits auf ein ruhiges Leben außerhalb des Personenkults eingestellt, der um seinen Vater betrieben wurde. Er studierte Medizin in Damaskus, ließ sich in einem Londoner Spital zum Augenarzt ausbilden. Doch als Basil in einem Autowrack umkam, musste der jüngere Bruder nach Syrien zurückkehren. Seine militärische Ausbildung war eher ein Crashkurs. Auch zeigt sich Baschar al-Assad nicht in den Fantasieuniformen, die Militärdiktatoren gern zur Schau tragen, behängt mit

Orden, von denen niemand genau weiß, wofür ihr Träger sie erhalten hat.

Baschar trägt mit Vorliebe blaue, gut geschnittene Anzüge, die Krawatte ist sorgfältig ausgesucht. Die kleinen schwarzen Augen liegen tief in ihren Höhlen, sie verleihen ihm ein lebhaftes Aussehen. Allerdings ließ ich mich nicht von Äußerlichkeiten täuschen. Hatten nicht auch die Mafiosi, mit denen ich mich als Staatsanwältin beschäftigte, ein charmantes Auftreten? Gaben sie sich nicht auch als kultivierte Männer von Welt? Und hatten nicht auch sie ihre Taten stets damit erklärt, im besten Interesse ihrer »Familie« zu handeln? So wie die »Paten« nahm auch Assad für sich in Anspruch, als »Familienoberhaupt« nur gute Absichten zum Wohl der syrischen Vielvölker-Familie zu verfolgen. Doch tatsächlich hatte der Augenarzt, Dr. Jekyll, sich vor unser aller Augen in einen Mr. Hyde verwandelt.

Also gingen wir an die Arbeit. Jeder Ermittler weiß, wie wichtig es ist, einen Tatort zu sichern. Beweise zu sammeln, bevor die Spuren verwischt sind. Bald jedoch ging mir auf: Ich war eine Kommissarin, die 3000 Kilometer vom Ort des Verbrechens entfernt blieb. Gleich im ersten Bericht hatte die Kommission ihr tiefes Bedauern zum Ausdruck gebracht, dass den Mandatsträgern der Zutritt ins Land verwehrt war – es sollte nicht das letzte Mal sein. Assads Sprachrohr in Genf, Faysal Khabbaz Hamoui, war bekannt dafür, auch mal aus dem Ratssaal zu stürmen, wenn sein Präsident kritisiert wurde. Kurz vorher hatte das EDA die Botschafterin Syriens, Lamia Chakkour, zur persona non grata erklärt. Damit protestierte die Schweiz gegen die systematische Verletzung der Sicherheitsratsresolutionen. Die Situation war also, gelinde gesagt, etwas angespannt. Hamoui beantwortete das Anschreiben der Kommission kurz und bündig: Man habe bereits eine unabhängige, eigene Kommission eingesetzt, um alle Ereignisse seit März 2011 zu untersuchen. Eine Möglichkeit der Kooperation der beiden Gremien zu einem späteren Zeitpunkt wurde nicht kategorisch ausgeschlossen. Turnusmäßig wiederholten wir die Aufforderung höflich – schließlich sprachen hier Diplomaten zu Diplomaten –, doch die Unterhaltung blieb einseitig. Unser Mitstreiter Vitit Muntarbhorn hatte Erfahrung darin, als UN-Beauftragter für ein bestimmtes Gebiet dasselbe nie betreten zu haben: Während seiner sechs Jahre in UN-Diensten, in denen er über die Lage der Menschenrechte in Nord-Korea berichten sollte, hatte Nord-Korea ihn nicht einmal ins Land gelassen.

Ein Katalog mit 26 Fragen zu spezifischen Vorfällen, abgefasst nach allen Regeln diplomatischer Sprachkunst, aber nichtsdestotrotz unbequeme Themen berührend, blieb von Syrien weitgehend unbeantwortet. Stattdessen nutzte der syrische Botschafter in seiner Replik die Chance, Amerika und anderen Staaten vorzuwerfen, die Region dominieren zu wollen. Der Druck der EU durch ökonomische Sanktionen, so klagte er, treffe die Menschen in Syrien. Jeder Todesfall, von wem und wo auch immer herbeigeführt, werde registriert, ließ Assads Regierung in der Schweiz ausrichten.

Da wir davon ausgehen konnten, dass die »Registrierung« dieser Todesfälle ins Reich der Fantasie gehörten, würden wir unsere eigenen Leute auf die Aufklärung dieser Morde ansetzen. Ein Dutzend Ermittler standen zu unserer Disposition, die meisten mit kriminalpolizeilichem Werdegang, alles in allem zählten wir, gemeinsam mit einigen Analysten, 23 Personen. Auf den ersten Blick wie eine Task Force der Strafanklage. Der wesentliche Unterschied sollte mir bald klar werden: Im Gegensatz zu einem unabhängigen Büro des Staatsanwalts redete bei uns die Politik mit. »Wie wollen wir vorgehen, was ermitteln wir zuerst?«, wollte ich tatkräftig von Pinheiro wissen. An Morden, die der Aufklärung bedürfen, fehlte es in Syrien ja wahrlich nicht. Paulo schien unschlüssig, wollte die Ermittlungtätigkeit lieber in den Händen eines Koordinators wissen. Ich war der Meinung, dass der Präsident der Kommission diese wichtige Funktion nicht aus der Hand geben sollte. Und wenn, dann müsste sich ein ausgebildeter Chief of Investigation, ein Chefermittler, der Koordination annehmen. Als ich mich nochmals im Palais Wilson umsah, konnte ich unter unseren Mitarbeitenden niemanden erkennen, der die nötige Erfahrung dafür aufwies. Da waren keine der bekannten Gesichter aus der Zeit des Jugoslawien-Tribunals auszumachen. Ich verlor die Zuversicht nicht. Denn allein schon angesichts der schieren Menge der verbrieften Aussagen zu Kriegsverbrechen schien mir klar, der Sicherheitsrat würde gar nicht anders können als mit einem Kriegsverbrechertribunal auf die ungeheuerlichen Vorgänge zu reagieren. Mir schien realistisch, dass schon innerhalb der nächsten Monate ein Strafgerichtshof installiert würde, analog zu den Vorbildern von Ex-Jugoslawien und Ruanda.

Nach unseren ersten vielversprechenden Arbeitstagen im »Wilson« reisten die Kommissäre ab. Paulo ging heim nach Sao Paulo, Karen flog nach Chicago und Vitits Heimadresse war Bangkok. Ich hatte den kürzesten Heimweg. Etwas hatte ich zu diesem Zeitpunkt noch nicht ganz verstanden, ein Unterschied, der unsere künftige Zusammenarbeit belasten würde: Professoren für Menschenrechte stellen in einem Krieg die Frage: Wer ist getroffen worden? Eine Strafanklägerin fragt: Wer hat geschossen?

Mord und Totschlag
werden Alltag

Als ich Kofi Annan in Genf begegnete, war der starke Mann der UNO ausgebrannt. Er hatte seine Syrien-Mission zur hoffnungslosen Sache erklärt und war als Gesandter für Syrien zurückgetreten. Annan war nicht mehr der Mann, den ich kennengelernt hatte und der ein »Nein« nicht gelten ließ. Ich erinnerte mich, wie er im Sommer 1999 um ein Treffen ersuchte, ich war Bundesanwältin, und in den Niederlanden sollte der Posten der Chefanklägerin besetzt werden. Ich glaubte nicht an eine reelle Chance, aber da man eine Einladung des Generalsekretärs der Vereinten Nationen nicht ohne Weiteres ausschlagen kann, reiste ich nach New York. Die Hauptadresse der UNO liegt am Ostufer Manhattans. Wer das erste Mal zu diesem unpersönlich wirkenden Monolithen aufsieht, vor dem die Flaggen der Mitgliedsstaaten wehen, mag etwas eingeschüchtert sein. Nicht, wenn man im Maggiatal aufgewachsen ist. Unsere Berge überragen mühelos jeden Wolkenkratzer. Immerhin, dachte ich anerkennend, selbst wenn er auf einem ehemaligen Schlachthofgelände erbaut ist, dieser Bau steht für die Sicherung des Weltfriedens, die Einhaltung des Völkerrechts, den Schutz der Menschenrechte.

Im Sekretariatshochhaus ließ Kofi Annan seine diplomatische Kunst auf mich wirken. Er wollte mich als »Madame Prosecutor« des Internationalen Strafgerichts haben. Unser Staatssekretariat hatte meinen Namen ins Spiel gebracht, wohl als Wild Card, denn die Schweiz sträubte sich ja seit Ewigkeiten gegen den Beitritt zu den Vereinten Nationen, um die Neutralität zu wahren und noch aus anderen Gründen. Ruth Dreifuss hatte das symbolische Potenzial erfasst, eine Schweizerin auf diesen Posten zu setzen: Die hohe internationale Ausstrahlung war praktisch garantiert. Ich vermutete, auch Kofi hatte Hintergedanken, allerdings andere: Die NATO hatte soeben Serbien bombardiert. Da stellte ich wohl die gutschweizerische Kompromisslösung dar. Ich konnte nachempfinden, wie eine Braut sich bei einer Zwangsheirat fühlt. Wie man weiß, hat Kofi Annan seinen Willen bekommen – und ich das Amt der Chefanklägerin. Ich vergaß nie, wie er mich anstrahlte: »Wenn es nicht klappt, geben Sie einfach mir die Schuld.«

Jetzt hatte seine eigene schwierige Mission »nicht geklappt«, und Annan strahlte nicht mehr. Er habe »nicht alle Unterstützung bekommen, die der Fall verdient«, gab er als Begründung zum Rücktritt als Gesandter für Syrien an. Gleichzeitig sparte er nicht mit Kritik an der Uneinigkeit des Sicherheitsrats. »Es gibt Unstimmigkeiten innerhalb der internationalen Gemeinschaft.« Damit sprach er auch die Rolle der USA und der Golf-Anrainerstaaten an, die den politischen Verhandlungsspielraum ausgeschöpft sahen und die militärische Lösung befürworteten. Sicher war: Mit Kofi Annans Rücktritt schwanden die Aussichten auf eine diplomatische Lösung in diesem Gemetzel. Die Veto-Stimmen von Russland und China hatten mittlerweile drei Syrien-Resolutionen verhindert. Die fünf Vetomächte blockierten gegenseitig die Möglichkeit von Sanktionen gegen Assad.

Dass der Weg über den Sicherheitsrat in eine Sackgasse führen konnte, hatte Annan mir schon vor Jahren auseinandergesetzt. Es war in New York, der Sicherheitsrat hatte mir als Chefanklägerin gerade einen weiteren Stein in den Weg gelegt, und ich stürmte frustriert in Annans Büro im 38. Stock. Man muss dazu wissen, der Weg zum Generalsekretär führt über mehrere Vorzimmer, in denen man von Assistenten ausgebremst wird. Als ich hereinplatzte, verlieh mir mein Ärger noch immer genügend Schwung. »Herr Generalsekretär!«, begann ich, und dann machte ich mir in einer minutenlangen Tirade Luft. Annan ließ mich ausreden, unterbrach mich mit keinem Wort. Dann blickte er mich einen Moment lang an. »Carla, der Sicherheitsrat ist eine politische Institution, die politische Entscheidungen fällt«, klärte er mich auf, »nicht juristische«, und der Ton seiner Stimme ließ keinen Zweifel daran, dass er selbst seine Mühe damit hatte.

Ihn nun in Genf so resigniert zu sehen, hätte meine Alarmglocken anschlagen sollen. Aber gerade war mein kriminologischer Jagdinstinkt geweckt. Wir sandten die 12 Ermittler aus, sobald wir von möglichen Verbrechen hörten, meist in Teams zu dreien oder vieren. In Libanon, Jordanien, Irak und den anderen Nachbarländern verblieben sie in der Regel zwei bis drei Wochen, bis sie alles aufgenommen hatten, was zur Aufklärung beitragen könnte. Ich brannte darauf, die Täter im »heißen Stuhl« vor mir zu haben, hatte mich doch die Arbeit als Bundesanwältin gelehrt, dass man dem Gegenüber ins Auge blicken muss. Die ersten Minuten eines Verhörs sind die wichtigsten. Die Befragungstechnik hatte mir als junge Staatsanwältin einer der Besten auf diesem Gebiet beigebracht, Giovanni Falcone, der sizilianische Untersuchungsrichter, der wusste, wie man einen Mafioso anpacken muss. Ich wollte mich jedoch nicht in die Arbeit der Ermittler einmischen. Nichtsdestotrotz, ein schriftlicher Bericht lässt sich nicht mit einer persönlichen Einvernahme vergleichen. Aber genau das erhielten wir: schriftliche Berichte. Natürlich erforderte es ausgezeichnete Kenntnisse der Umstände, der Sprache und der lokalen Gebräuche, um die Puzzleteile dieser Auseinandersetzungen richtig zusammenzusetzen. Doch manchmal, so musste ich feststellen, fehlten in den Abklärungen wichtige Teilchen für das Gesamtbild.

Immerhin konnte ich den Ermittlern meine Fragen mit auf den Weg geben. Ich wünschte in bestimmten Fällen spezifische Auskünfte. Die Antwort, die ich nach der Rückkehr jeweils erhielt, war ernüchternd: »Wir sind für umfangreichere Ermittlungen einfach zu wenige Leute, Frau Del Ponte.« Das stimmte allerdings. Die Mittel der Syrien-Kommission waren nicht zu vergleichen mit den Mitteln, die ich am ICTY zur Verfügung gehabt hatte. Damals beschäftigte die Anklagebehörde insgesamt 600 Personen, Rechtsanwälte, Ermittlungsbeamte, Psychologen und Dolmetscher. Hier würden wir, wie man so schön sagt, kleinere Brötchen backen müssen. Aber auch kleine Ermittlungserfolge sind wertvoll. Rein hierarchisch gesehen waren die Ermittler der Kommission unterstellt. Doch Paulo Sérgio Pinheiro hatte sich entschieden, diese Verantwortung auf seinen »Coordinator« zu übertragen, der die Ermittler anleitete. Paulo selbst wollte auf den humanitären Teil des Mandats fokussieren. Ich blieb fokussiert auf das Verbrechen. Auch die anderen zwei Kommissionsmitglieder wiederholten immerzu das Mantra der Menschenrechte.

Ich saß also auf dem Beifahrersitz. Aber ich saß im Wagen. Vielleicht könnte ich trotzdem das Ziel ansteuern, den Sicherheitsrat dazu zu bringen, Schritte zur Strafverfolgung zu unternehmen. In dieser Absicht stimmten Paulo und ich überein. Was nicht heißen soll, dass er Anstalten unternahm, sich stärker dieser Seite des Mandats zu widmen. Eine Anklageschrift vorzubereiten, quasi die Blaupause für einen späteren Strafgerichtshof in Syrien, ging ihm zu weit. »Das geht doch nicht! Wir sind kein Staatsanwaltsbüro, Carla, finde dich damit ab.« Über diesen strittigen Punkt debattierten wir oft und energisch. Damals war das Einvernehmen noch gut.

So beschränkten wir uns darauf, die sogenannte »Crime Base« zu ermitteln: Zeitpunkt und Ort, Vorgang und Art des Verbrechens. Nicht aber den Verbrecher selbst. Wenn es zu einem Fliegerangriff kam, hätte die Frage meines Erachtens lauten müssen: Woher kamen die Flugzeuge? Welche Beweise haben wir dafür, von wo sie gestartet sind? Und wer, am Ende einer militärischen Befehlskette, hat den Angriffsbefehl gegeben? Wer innerhalb der syrischen Regierung oder der Oppositionsgruppe zeichnet persönlich verantwortlich? Solche Feststellungen waren von immenser Wichtigkeit, weil sich in diesem Konflikt so viele Interessengruppen gegenüberstanden, dass selbst die Verletzten manchmal nicht mehr sagen konnten, wessen Opfer sie geworden waren.

Sind schon die Gruppen der Opposition in ihren Ausprägungen schwer zu unterscheiden, so gliederten sich auch die Regierungstruppen in eine Vielzahl von Einheiten. Assads stehendes Heer, das 300 000 Mann starke Militär, teilte sich in Armee, Marine und Luftstreitkräfte auf. Ihr Auftrag war die Verteidigung des nationalen Territoriums und die Abwehr aller internen Feinde. Das Militär bestand aus drei Korps mit 12 Divisionen: sieben gepanzerte, drei mechanisierte sowie die Republikanische Garde und die Spezialeinheiten. Die 10 000 Gardesoldaten, die direkt dem Präsidenten unterstanden, zählten zur Elite. Sie sollten Aufstände von Regimekritikern niederwerfen. Die 20 000 Mann der 4. Division wurden kommandiert von Maher al-Assad, dem Bruder des Präsidenten. Die Staatssicherheit, so wurde berichtet, sei umfassend und effektiv, sie war aufgeschlüsselt in eine Vielzahl von Geheimdiensten, deren Aufträge sich teilweise überlappten. Ihre Beamten spielten in der syrischen Gesellschaft eine weitreichende Rolle, denn sie sollten Verräter orten und Widerstand durch Repressalien im Keim ersticken.

Der interne Staatsapparat schloss die Polizeikräfte ein, die dem Innenministerium unterstanden, sowie den Militärischen Geheimdienst, den Geheimdienst der Air Force und das nationale Büro für Sicherheit. Zur alawitischen Miliz der sogenannten Schabiha gehörten rund 10 000 Zivilisten, die an der Seite der Sicherheitskräfte Demonstrationen zerschlagen sollten. Es hieß, die Fanatiker dieser irregulären Truppe – ursprünglich eine Schmugglerbande – würden Assad in den Tod folgen. Die Volksarmee, eine Miliz der Baath-Partei, wird auf 100 000 Reservisten geschätzt, die mobilisiert werden könnten. Gemäß Verfassung der Republik lag das Oberkommando über alle diese Streitkräfte in der Hand des Präsidenten: Baschar al-Assad hatte die militärische Überlegenheit. Seine Flugzeuge kontrollierten den Luftraum, und seine Artillerie hielt den Gegner am Boden.

Für den ersten Bericht, an dem ich mitwirkte, waren 445 Zeugen befragt worden. Der 130 Seiten schwere Report sollte der umfangreichste der Kommission werden. In diese Seiten legten wir alles, was wir hatten, alles, was wir anführen konnten, um den Sicherheitsrat förmlich zum Handeln zu zwingen. Folter, Vergewaltigung, Entführung, Mord. Verübt von Regierungskräften und den ihnen angeschlossenen Milizen. Ich legte Wert darauf, dass auch die Opposition in den Berichten nicht ungenannt bleiben sollte; über diesen Punkt redeten wir uns oft die Köpfe heiß. Schließlich waren auch die Regimegegner nicht

– 29 –

untätig gewesen: Folter, Kidnapping, willfährige Standgerichte mit Todesurteilen. Zusätzlich brachten die Aufständischen die Zivilbevölkerung bewusst in Gefahr, indem sie militärisch wertvolle Ziele in Wohnvierteln platzierten. Die Taten des Regimes zu benennen, war einfacher, und ich merkte, dass uns politische Interessen die Schwerpunkte in den Berichten diktierten. Vor allem zu Anfang genossen die Oppositionsgruppen ja noch die Sympathien der internationalen Gemeinschaft, und einige Staaten betrieben im Hintergrund den »Regime Change«, den politisch motivierten Sturz Assads. Wir kamen nicht umhin, der militanten Opposition zu bescheinigen, dass ihre Angriffe auf Zivilisten nicht mit der Intensität der Regierungstruppen zu vergleichen waren – noch nicht.

Die Situation präsentierte sich in jenen Monaten 2012 wie folgt: Die Revolutionäre hatten sich vermehrt Zugang zu Waffenkammern verschafft und Militärbasen geplündert. Feuerwaffen und Munition wurden in großem Stil von externen Lieferanten über die Grenze geschmuggelt. Angriffe auf Hospitäler sorgten vermehrt dafür, dass das medizinische Personal seine Posten aufgab. Den Krankenhäusern gingen in alarmierender Geschwindigkeit die Vorräte an Blut und Medikamenten aus. Das Hochkommissariat hatte Kenntnis von 60 000 Todesfällen. Zwei Millionen Syrer befanden sich auf der Flucht.

Dem Vorschlag des Sicherheitsrats zur Waffenruhe vom 26. bis 30. Oktober hatten beide Seiten zugestimmt, um während der religiösen Feiertage die Verletzten von den Schlachtfeldern zu bergen – wer sie zuerst brach, blieb unklar. Am 11. November war die Syrische Nationale Koalition gegründet worden, die Gruppen der moderaten Opposition sowie der Freien Syrischen Armee (FSA) vereinte. Mehr als ein Dutzend der bewaffneten

Gruppen, darunter die Al-Nusra-Front, anerkannte die Koalition nicht. Am 11. Dezember erklärten die USA die Al Nusra zur terroristischen Organisation, einem Ableger der irakischen Al Kaida. Die FSA selbst war nur noch ein Brand, ein Name – die Bezeichnung als Oberkommando verdiente sie längst nicht mehr. Die Foreign Fighters, die Kämpfer aus dem Ausland, hatten zahlreiche Neuzugänge erhalten. Zynischerweise nannte man sie auch »Wochenend-Krieger«, weil sie aus dem mittleren Osten, Nordafrika und Zentralasien kurzzeitig über die Grenze kamen, um sich an den Kampfhandlungen zu beteiligen. Viele waren kampferprobt, stammten aus Libyen, Tunesien, Saudi-Arabien, Ägypten, dem Irak und dem Libanon. Ihre Expertise wurde von den Regimegegnern hoch eingeschätzt. Einige reisten von weiter her an, auch aus der Schweiz.

Im Folgenden zitiere ich Einzelfälle aus dem besagten Bericht ans UNHRC, die mir besonders erwähnenswert oder repräsentativ scheinen. Sie stehen für Dutzende und Hunderte ähnlicher Vorkommnisse. Manchmal sagten Augenzeugen sogar aus, wenn dies ihren Eigeninteressen zuwiderlief. Wie jene FSA-Soldaten, die uns Details des Massakers anvertrauten, an dem sie im Juli in Aleppo beteiligt waren. Die FSA hatte fünf Mitglieder der al-Barri-Familie verhört und ein Scharia-Gericht einberufen. Dieses Standgericht verurteilte alle fünf zum Tod. Die Aufnahmen ihrer Exekution wurden ins Internet gestellt. Ebenfalls in Aleppo wurden alawitische Offiziere von einem Tribunal abgeurteilt, das sich aus lokalen Geistlichen zusammensetzte. Abzuklären galt es, wer der Angeklagten »Blut an den Händen« habe. Als zwei der Offiziere eine Vergewaltigung zugaben, wurden sie auf der Stelle hingerichtet. Die anderen kamen mit dem Leben davon. Videos auf Facebook oder anderen Social-Media-Kanälen zeigten diese Art

– 31 –

von Lynchjustiz anhand verschiedener grausiger Beispiele: In Aleppo wurde einem Menschen, der sich zum Regime bekannte, der Hals durchgeschnitten. Weitere regimetreue Personen wurden kurzerhand vom Dach eines Postgebäudes gestoßen. Wir bekamen vergleichsweise mehr Berichte solcher Tötungen durch Aufständische auf den Tisch. Etwa von der Stürmung einer Fabrik, in der vor allem Christen beschäftigt waren. »Wir wissen, wer ihr seid und aus welcher Region ihr stammt«, drohten die Bewaffneten. »Verlasst diese Fabrik und dieses Gebiet! Sonst seid ihr eures Lebens nicht mehr sicher!« Wohl um der Forderung Nachdruck zu verleihen, wurde der Direktor daraufhin beiläufig erschossen.

Fünf Regierungssoldaten, die von ihren Posten in einem Internierungslager desertiert waren, klärten uns auf, wie Informationen aus Verdächtigten herausgepresst wurden. Aus den erzwungenen Geständnissen heraus entstanden weitere Listen mit weiteren Verdächtigen. Wir wussten von 22 Personen, die ihren Schnellrichtern Schmiergeld für ihre Entlassung gezahlt hatten. Einer der Deserteure, der zuletzt im Geheimdienst in Hama stationiert war, nannte Entführungen mit Erpressung eine »systematische Praxis in Syrien«. In Latakia wurde einem Freiheitskämpfer ultimativ mitgeteilt: »Ergibst du dich nicht, behalten wir deinen Bruder in Haft!«

Bald erreichten uns glaubwürdige Berichte, dass auch die Opposition ihre Gefangenen misshandelte. Der Schabiha (abgeleitet vom arabischen Wort für »Gespenst«) waren Aufständische in die Falle gegangen. Die Miliz, die von Assads Cousins Fawaz und Mundhir al-Assad befehligt wurde, folterte ihre Gefangenen mit elektrischen Drähten und Knüppeln. In einem Fall wurde ein Mann mit 54 anderen in einem Haus in Aleppo gefangen gehalten. Acht Mitgefangene sah er an ihren Verletzungen einen langsamen Tod sterben. Während der Verhöre waren ihnen die Knochen gebrochen worden. Wenn es der Opposition gelang, eines Schabiha-Milizionärs habhaft zu werden, gingen sie nicht zimperlich mit ihm um. Ein FSA-Kommandant in Damaskus gab vor unseren Ermittlern zu, einen Inhaftierten geschlagen zu haben, um ihn zur »Beichte« zu zwingen. Anschließend bekam der »Geständige« eine Kugel in den Kopf. Den Schabihas ließ man extrem harte Torturen angedeihen. Denn vor ihnen fürchte man sich ganz besonders, »vor allem die Frauen und Mädchen«, so versuchte ein Bewohner von Homs uns zu erklären, weshalb die Milizionäre keine Gnade erwarten durften. Zu erkennen seien diese Männer an ihren rasierten Köpfen und langen Bärten, zusätzlich zu ihren Schnauzbärten (sunnitische Muslime tragen keine Schnauzbärte).

Als Verhörmethode schreckte wiederum das Regime vor sexueller Gewalt nicht zurück. Vergewaltigungen sollten die Opfer zum Sprechen bringen, zudem eine verbreitete Methode, um zu bestrafen und gleichzeitig zu beschämen. Nicht nur Frauen wurden so gebrochen. Die Folterer verbrannten die Genitalien mit Zigaretten, Feuerzeugen und schmelzendem Plastik. Sie verbanden die Geschlechtsteile mit Stromkabeln, bis die Menschen elend an den Stromschlägen starben. Mitunter wurde sexuelle Gewalt eingesetzt, um Familienmitglieder zu erpressen: Befand sich eine Frau in der Folterkammer, sollten männliche Verwandte sich im Gegenzug für ihre Freilassung kampflos ergeben.

Die syrische Botschaft in Genf beklagte sich bitterlich über unsere Recherchen, die sich durch »eilig zusammengestellte Aussagen« auszeichne, welche »nur von einer Seite dieses Konflikts« stammten. Das offizielle Syrien warf uns mangelhafte Professionalität, keine sorgfältigen Nachforschungen und Voreingenommenheit vor. Vehement zurückgewiesen wurde auch der Vorwurf, schmutzige Bomben eingesetzt zu haben. Was ich keinesfalls billigen konnte, da wir genügend Beweismittel für »Barrel Bombs« hatten – das sind improvisierte Fassbomben, die aus der Luft abgeworfen werden. Verwendung finden unter anderem alte Heizkessel oder Warmwasserboiler, die mit Sprengmitteln und Metallteilen gefüllt werden. Human Rights Watch (HRW) bezeichnet ihren Einsatz als »mit hoher Wahrscheinlichkeit wahllos im Sinn des Kriegsrechts und damit unzulässig«.

Bombardierungen von Bäckereien fanden vornehmlich in den Morgenstunden statt, wenn es nach frischem Brot duftete. Es konnte kein Zufall sein, dass die Angriffe stets dann stattfanden, wenn die Betriebe voller hungriger Menschen waren. Bestimmten Quellen zufolge waren unter den Bäckereikunden FSA-Kämpfer. In einem Fall hatte der Bäckerei-Betreiber die FSA sogar aufgefordert, die Brotverteilung zu organisieren. Assad-Abtrünnige gaben uns die Namen der Kommandeure der Air Force, die die Bombardements von Bäckereien angeordnet hatten. Menschenschlangen vor Backstuben wurden in Aleppo systematisch unter Feuer genommen. An einem Tag im August wurde eine Bäckerei von einem Artilleriegeschoss getroffen: 11 Menschen, die für Brot anstanden, fanden den Tod. Am 16. August wurden Kunden vor einer Bäckerei mit Mörsern beschossen: 25 Tote.

Am 9. November um 8 Uhr schrien Frauen auf dem Marktplatz von Al Quriyah in Panik auf und suchten Schutz vor den Geschossen, die vom Himmel prasselten. Die Artillerie tötete an diesem Frauen-Markttag 21 Zivilisten. Ein Zeuge sah verstreute Tote mit abgetrennten Gliedern und Köpfen. Ein Körper war

»nicht mehr als ein Haufen Fleisch. Diese Leiche vermochte niemand zu identifizieren.«

Am 23. Dezember um 16 Uhr war die Schlange vor der Bäckerei in Halfaya gut 1000 Menschen lang. »Wir hatten seit Tagen kein Mehl erhalten«, sagte ein Einwohner, »und in der ganzen Stadt war kein einziger Laib Brot zu finden. Darum stand praktisch jeder vor der Bäckerei.« Ein Kampfjet schoss mindestens vier Raketen auf sein Ziel ab. Jemand vermochte sich zu erinnern, dass eine Viertelstunde zuvor ein Hubschrauber über dem Platz gekreist war, wohl um es auszukundschaften. Ein Mann aus Halfaya beschrieb die Szene nach dem blutigen Angriff so: »Überall auf der Straße sah ich Leichen von Frauen und Kindern. Die Toten konnten nicht identifiziert waren, so entstellt waren sie.« Für uns war klar, dass es sich um einen gezielten Angriff handelte, trafen doch die vier in schneller Folge abgeschossenen Raketen ausnahmslos die Bäckerei.

Satellitenaufnahmen waren eine große Hilfe bei der Auswertung von Bombardements, etwa im Fall der Bombardierung von Azaz am 15. August durch zwei Kampfjets, was den Tod von 20 Mitgliedern der Familie Danoun zur Folge hatte. Das Muster der Einschläge legte den Schluss nahe, dass es sich nicht um Zufallstreffer handelte. Am 4. August traf eine weitere Fassbombe – sie sind einfacher und billiger herzustellen als Fliegerbomben – das Haus der Familie Elbaw in Tall Rifaat. »Es war unmöglich, die Toten auseinanderzuhalten«, sagte ein Zeuge. Am 10. August tötete die Bombe eines Kampfjets mehrere Bewohner eines Wohnhauses. Anvisiert war wohl die nahe gelegene Schule, da diese von der FSA als Baracke genutzt wurde.

Wir wussten von mindestens 14 Attacken auf Schulen. Die Rebellen hatten sie als Stützpunkte genutzt, womit sie ihren Status als geschütztes Zivilobjekt verloren. Andrerseits wurden mit Sicherheit auch Angriffe auf Schulhäuser befohlen, ohne dass Aufständische sich dort verborgen hielten. Ein Soldat – er desertierte daraufhin – hörte wörtlich den Befehl eines Offiziers, eine Schule nicht zu schonen, »damit sie nicht rausgehen und an Demonstrationen teilnehmen können«.

Tatsächlich geriet die jüngste Generation unweigerlich in diesen Sog des Kriegs. Ein 17-Jähriger vertraute uns Details seiner Tätigkeit für die Al-Nusra-Front an. Erst war er nur Wasserträger, brachte den Kämpfenden Lebensmittel an die Front. Schließlich rüstete man ihn mit einem Gewehr aus, das er auch einsetzte. Er nahm an einem Angriff auf einen Checkpoint teil. Als eine Verwundung seine Beteiligung an weiteren Scharmützeln verunmöglichte, wurde er wie andere Teenager in Haftanstalten als Wächter eingesetzt.

Das Gesundheitswesen war vom Konflikt schwer getroffen. Krankenhäuser wurden unter direkten Beschuss genommen. Ein Mitarbeiter des Dar al-Shifa Hospitals in Aleppo wusste von einem Hubschrauber des Regimes, der neun Raketen auf das Spital abgefeuert hatte. Sicherheitskräfte zwangen das medizinische Personal zu Aussagen über ihre Patienten. Und sie verboten, Kinder zu behandeln, die als Feinde des Regimes geortet wurden. Einem angeschossenen 12-Jährigen empfahlen die Ärzte die Falschaussage, er sei von Terroristen verletzt worden – sonst wäre ihm im Spital nicht geholfen worden. Ein Mann aus Daraa musste erleben, wie ihm der Weg ins Krankenhaus an Checkpoints versperrt wurde. Seine 11-jährige Schwester war beim Bombenangriff auf die Schule schwer verletzt worden. Auf Umwegen durchs Hinterland erreichte der Bruder schließlich das Armeehospital. Obwohl das Mädchen schon das Bewusstsein

– 36 –

verloren hatte, verweigerten die Ärzte die Behandlung. Daraufhin versuchte der Verzweifelte noch, ein anderes Lazarett zu erreichen, doch seine Schwester starb auf dem Weg.

Verschiedene Berichte betrafen Personen, die an Checkpoints der Armee malträtiert wurden. Ein Mann hatte das Pech, dass ein regimekritisches Wort in den Staub seines Autofensters geschrieben war. Agenten des Nachrichtendienstes von Mhajjah verabreichten ihm Elektroschocks, bevor er zu ihrer Belustigung auf allen vieren einen Affen imitieren musste. Freigelassen wurde er erst, nachdem er das Autofenster sauber abgeleckt hatte. Ein früherer Mitarbeiter eines Nachrichtendienstes gab zu, dass an Straßensperren sunnitische Berufspendler auf regelmäßiger Basis gedemütigt würden. Ein Ex-Soldat, gefragt nach der Anzahl solcher Vorfälle an Checkpoints, sagte leichthin: »Die kann ich unmöglich alle zählen.«

Beängstigend fand ich persönlich die Depeschen von Massakern. Wahre Kesselschlachten schienen darauf ausgerichtet, ganze Menschengruppen zu vernichten. Und dies mit einer Herzlosigkeit, die mich an den Genozid in Ruanda erinnerte. Wir hatten Informationen aus erster Hand zum Massaker vom 1. August in Jdaidet Artouz, das bevölkert war von einer heterogenen Gruppe sunnitischer Muslime, Christen, Drusen und Alawiten. Auslöser war ein Anschlag von FSA-Kämpfern auf einen hochrangigen Offizier, der in der Nachbarschaft lebte. Als Strafaktion wurde ein Militärschlag gegen das ganze Dorf ausgeführt, mit Panzern und schweren Waffen. Soldaten durchsuchten Haus für Haus. Insgesamt wurden 60 Männer an Ort und Stelle exekutiert. Nahe der Moschee wurde ein Massengrab für sie ausgehoben.

Verschiedene Quellen berichteten uns von Vorfällen in Al Harak, der Heimat von 40 000 Sunniten. Die Menschen verließen den Ort, als am 18. August Regierungstruppen anrückten. Später fanden FSA-Kameraden die Leichen von 400 Zivilisten. Einige waren von Schrapnellen getötet worden, andere aus nächster Nähe durch Schüsse, weitere Tote wiesen Messerstiche auf. Einige der Körper waren verbrannt worden, um die Massentötung zu verschleiern. Die Augenzeugen schrieben es der Schabiha zu, Leichen aus Al Harak weggebracht und beim Hauptquartier der 52. Brigade verscharrt zu haben. Sagte ein FSA-Kämpfer: »Sie versuchten die Leichen zu verstecken, aber wir konnten sie riechen.«

Einst war Al-Mastomah, eine sunnitische Ortschaft der Provinz Idlib, bevölkert von 8000 Menschen. Bis zum 7. Januar dieses Kriegsjahres. Da flohen weite Teile der Bevölkerung vor der Bombardierung durch Regierungstruppen. Dann durchkämmten Soldaten den Ort. Als der Kriegslärm abnahm und unser Augenzeuge die Rückkehr wagte, fand er unzählige Tote, an Ort und Stelle hingerichtet. Die Leichen wurden gefilmt, das Material lag der Kommission vor. Auf den Filmen sind Frauen, Kinder und ältere Menschen zu erkennen – viele aus nächster Nähe exekutiert.

»Es ist wie in einer Geisterstadt«, beschrieb uns ein Bewohner von Taftanaz, »von 20 000 Bewohnern sind kaum noch 200 übrig.« Nach dem intensiven Beschuss der Kleinstadt im Juli und während des Ramadans suchte praktisch die ganze Bevölkerung ihr Heil in der Flucht. Doch Sniper, Scharfschützen mit Zielfernrohrgewehren, waren rund um die Stadt positioniert. Ihre Projektile trafen zahlreiche Flüchtende auf der Straße zum Flugplatz. Eine Frau, von einem Scharfschützen angeschossen, verblutete mitten auf der Straße. Menschen, die Hilfe leisten wollten, wurden selbst vom Schützen ins Visier genommen.

– 38 –

Bis zum 21. Januar 2013 waren in fünf Nachbarländern 671 262 Syrer als Flüchtlinge zur Registrierung gemeldet. Nicht unerwähnt ließen wir die Zerstörung kulturell bedeutsamer Bauwerke. Bis dahin waren sechs der Gebäude beschädigt, die im Weltkulturerbe der UNESCO erfasst sind. Die antike Ruinenstadt von Bosra etwa, Hort mehrerer Jahrhunderte Kulturgeschichte, mit byzantinischen Kirchen und frühislamischen Moscheen und seinem berühmten römischen Theater – von Bomben aus der Luft in Stücke geschlagen. Der »Souk«, Aleppos weltbekannter gedeckter Basar – abgebrannt. Plünderer waren in Syriens berühmteste Kreuzritter-Burg eingebrochen, und die Belagerung durch Assad-Truppen hatte die Burg Krak de Chevaliers schwer beschädigt. Beide Kriegsparteien hatten kein Problem damit, historische Gebäude als Stellungen zu nutzen.

Ein halbes Jahr nach meinem Eintritt in dieses Gremium sollten wir nun vor dem Human Rights Council unsere Schlussfolgerungen vortragen. Der Bericht mit der Nummer A/HRC/22/59 listete säuberlich Hunderte einzelner Gewalttaten auf. Wenn der UNHRC die Dokumentation dem Sicherheitsrat weiterreichte, käme dieser nicht umhin, seine Untätigkeit in der Syrien-Frage aufzugeben. Damit wäre mein Auftrag erledigt, innerhalb der veranschlagten Zeit. Zu Hause war ich zum ersten Mal Großmutter geworden, und mir schwebte vor, wie ich schon bald den Enkel in den Armen halten würde. Er sollte von mir umsorgt werden wie von einer typischen Tessiner Nonna. Ein Titel, auf den ich weit stolzer sein konnte als auf den Titel der UN-Untersuchungskommissärin. So jedenfalls stellte ich mir das vor, nach verrichteter Arbeit nach Hause zu gehen. Denn welchen Sinn hätte sonst die Kommission des Human Rights Council und die Erfassung all dieser Verbrechen? Ein kurzer Spaziergang auf dem Quai du Mont-Blanc ordnete meine Gedanken, die eigenen Atemwolken in der kalten Luft vor mir hertreibend. In Genf war es Februar geworden. Die Weihnachtsbeleuchtungen waren verschwunden, aber an den Straßenrändern lag der Schnee grau und matschig. Welch ein enormer Gegensatz, dachte ich, zu dem heißen Wüstenland, über das wir dem Menschenrechtsrat Bericht erstatten sollten.

Der erste Bericht vor der UNO

Als wir im Februar 2013 in Genf vor den Menschenrechtsrat traten, hatte jüngst auch Baschar al-Assad seine Bühne betreten, um sein Publikum neu auf seine Ziele einzuschwören. Der syrische Herrscher hatte sich freilich eine weit dramatischere Kulisse ausgesucht als wir: Assad hielt seine große Rede in der Oper von Damaskus. Wie ein Stardirigent winkte er den begeisterten Fans zu. Von seinen bekannten Positionen rückte er nicht ab. Seine Schutzmacht Russland hingegen hatte damit begonnen, ihre Staatsbürger aus dem Kriegsland zu evakuieren. Der russische Ministerpräsident Dimitri Medvedev prognostizierte ganz ungeniert Assads Ende. Kuwait sagte der Nationalen Koalition der Opposition Unterstützungsgelder in Höhe von 1,5 Milliarden Dollar zu, während Irans Sicherheitschef Said Dschalili seinerseits die Solidarität zu Syrien bekräftigte. An der Grenze zu Israel eskalierten die Geschehnisse weiter, als die Luftwaffe Israels Angriffe auf ein Forschungszentrum der syrischen Armee flog. An der libanesischen Grenze dagegen griffen ihre Kampfpiloten einen vermeintlichen Waffentransport der Hisbollah an. Mit anderen Worten: Der Krieg um Syrien wurde schon lange nicht mehr innerhalb seiner Landesgrenzen ausgetragen.

Das UNHRC, Nebenorgan der UN-Generalversammlung, erstrahlte baulich in neuem Glanz. Leider wurde vergessen, auch die Struktur zu sanieren. Als ich auf den Tischen die Namensschilder der beteiligten Nationen las, wurde mir nochmals bewusst: Im Human Rights Council nehmen ausgerechnet auch jene Staaten Platz, die die Menschenrechte selbst tagtäglich infrage stellen oder verletzen. Die USA hatten sich 2006 gegen die Einführung des Menschenrechtsrats ausgesprochen. Die Amerikaner bezeichneten die Kriterien zur Aufnahme solcher Staaten als ungeeignet, die just diejenigen Rechte mit Füßen traten, die sie zu verteidigen gelobt hatten – ich war derselben Meinung. Und, ja, auch Syrien sitzt im Menschenrechtsrat.

Vor diesem gemischten Publikum hielt Paulo seine Ansprache. Er hatte sie mit uns besprochen und dann seine Worte selbst gewählt. Unser Appell endete mit dem dringenden Ansinnen, die Internationale Gemeinschaft möge durch den Sicherheitsrat den existierenden permanenten Strafgerichtshof (anstelle eines Ad-Hoc-Tribunals) für Syrien beauftragen. Da Syrien das sogenannte Rom-Statut (ausgearbeitet 1998 in Rom, als vertragliche Grundlage für den Gerichtshof in Den Haag zur Bestrafung von Kriegsverbrechen) nicht unterzeichnet hat, ist diese Beauftragung allein dem Sicherheitsrat möglich. Wir rechneten sogar die finanziellen Gründe vor: Den Haag ist langfristig finanziert, verfügt über erfahrenes Personal. »Es wäre ein Zeichen an alle involvierten Parteien des Konflikts, dass Verbrechen von der Internationalen Gemeinschaft nicht nur beobachtet, sondern auch sanktioniert werden«, gaben wir als Empfehlung ab. Als Paulo geendet hatte, wurde den Mitgliedsstaaten das Wort erteilt. Die Redezeit ist auf drei Minuten beschränkt. Was lässt sich in drei Minuten schon sagen? Allein die Danksagung nach allen Seiten dauert schon eine Minute. Die Diplomaten wählten ihre Worte geschickt genug, um es sich mit niemandem zu verscherzen. Einige umschrieben zwar, die Verantwortlichen müssten für ihre Taten geradestehen. Aber es blieb bei leeren Worten.

– 42 –

Selbst als der syrische Gesandte ums Wort bat, war seine Reaktion nicht mehr als eine diplomatische Fingerübung. Aufseiten seiner Verbündeten, Iran und Russland, die ebenfalls eine Stimme im UNHRC haben, übte man sich in Zurückhaltung. Der Menschenrechtsrat nahm Kenntnis vom Bericht, dankte für unsere Arbeit und vertagte sich. Ich hatte das unangenehme Gefühl, die Decke mitsamt dem bunten Deckengemälde könnte über uns einstürzen und die Reaktionen wären nicht weniger verhalten. Als ich kurz darauf den Weg des syrischen Botschafters kreuzte, ließ er einen Moment sein Pokerface fallen. »Man braucht ja nur die ersten paar Seiten zu lesen, dann ist jedem klar, Ihre Kommission ist gegen unseren Präsidenten voreingenommen!« Er sah sich darin bestätigt, dass Syrien gut daran tat, nicht mit uns zu kooperieren.

Der Bericht besaß zusätzlichen Zündstoff, indem er auf unsere vertrauliche »Liste« Bezug nahm: eine Auflistung von Individuen und Einheiten, die sich mitschuldig gemacht hatten. Obwohl wir, wie erwähnt, lediglich die »Crime Base« ermittelten, wurden uns doch immer wieder Namen von Tätern zugetragen. Wir setzten ihre Namen oder Codenamen auf unsere Aufstellung, die monatlich wuchs. Die politische Brisanz war uns durchaus bewusst, und wir wurden in der Folge immer wieder darauf angesprochen, dass wir die Namen öffentlich machen müssten. Weder in diesem Bericht vom Februar 2013 und auch in keinem der noch folgenden erwähnten wir jemals Namen, weder die der Opfer noch die der Täter, und ganz bestimmt nicht diejenigen unserer Zeugen, die mit Repressalien rechnen mussten.

Im Anschluss an unseren Vortrag stellten wir uns den Medien. Die Journalisten hatten andere Fragen in petto als die Diplomaten. Das Pressekorps hatte verstanden, dass nicht alles im Bericht stehen konnte, was wir zu berichten wussten – und da sie zwischen den Zeilen zu lesen vermochten, stellten sie die richtigen Fragen. Auf die wir schlüssige Antworten schuldig bleiben mussten. Im Gegensatz zum Konzil wollten die Reporter gleich wissen:»Warum gebt ihr die Namen der Verbrecher nicht bekannt?« Vor der Pressekonferenz hatte unser politischer Analyst mögliche Fragen erörtert und passende Antworten vorgefertigt. An diese Vorgaben sollten wir uns halten, was mir nicht einfach fiel. Als einmal das Wort an mich gerichtet wurde, antwortete ich, ohne vom Fragebogen abzulesen. Danach nahm unser Präsident sich vor, mich bei künftigen Gelegenheiten so weit wie möglich vom Mikrofon weg zu platzieren.»Sie sind schwer führbar, Carla«, kritisierte er meine Angewohnheit, meine Worte frei zu wählen. Ich musste ihm beipflichten.

Wir kündigten an, die»Liste« dem Hochkommissar der UNO im März 2013 zu übergeben – dem vorgesehenen Ende des Mandats. Dem Panzerschrank in Navanethem Pillays Office vertrauten wir mehr als unseren Schreibtischen im Palais Wilson. Da ich mit Navi seit Den Haag, wo sie als Richterin am Strafgerichtshof gewirkt hatte, vertraulich sprechen konnte, wandte ich mich direkt an sie.»Kannst du uns irgendwie unterstützen?«, bat ich die Hohe Kommissarin der Menschenrechte inständig. Ich setzte ihr, von Juristin zu Juristin, meine Auslegung des Mandats auseinander. Damit stichhaltige Beweise für Anklagen gesammelt werden könnten, war die personelle Besetzung des»Coordinators« von großer Wichtigkeit. Ein Knackpunkt der Ermittlungstätigkeit war jedoch, dass diese Koordinatoren nur für die Dauer eines Jahres in unseren Diensten standen, bevor sie zu irgendeiner anderen UN-Mission abgezogen werden. Ich schlug Navi einen Mann meines Vertrauens vor, Anton Nikiforov. Er hatte im Jugoslawien-Tribunal für mich als Special Advisor gute Arbeit gemacht. Ich hatte noch einen anderen Grund, seinen Namen ins Spiel zu bringen: Als Russe wäre er für uns ein Gewinn, um seine Landsleute im Sicherheitsrat günstig für unsere Anliegen zu beeinflussen. Navi wollte es sich durch den Kopf gehen lassen.

Das Mandat wurde ohne große Umstände auf ein Jahr verlängert. Die anfänglich veranschlagten sechs Monate zeigten, dass der syrische Konflikt deutlich unterschätzt worden war. Ich hatte mich schon zu sehr in die Aufgabe verbissen, um nun einfach die Flinte ins Korn zu werfen. »Natürlich, unsere Arbeit ist wichtig«, motivierten sich auch die Kommissionskollegen von Neuem. Dennoch unterschied sich mein Motiv von ihren Beweggründen. Sie hatten schon immer im Dienst der UNO gestanden, und wer einmal bei der UNO ist, der kehrt dieser Institution, deren Renommee sich auf ihre Mitarbeiter überträgt, üblicherweise nie den Rücken. Das erklärte vielleicht auch das hohe Alter unserer Mitglieder. Vielleicht könnte ich ja neue Projekte anstoßen. Vielleicht würden andere sogar meinem Beispiel folgen? Also, Carla, du bleibst!

War unser Ruf nach der Verurteilung von Kriegsverbrechern laut genug gewesen, um bis nach New York zu dringen? Der UNHRC war eine vergleichsweise junge Institution, er war am 19. Juni 2006 zum ersten Mal zusammengetreten, und dass er als Konkurrenz zum Sicherheitsrat der UN wahrgenommen wurde, machte die Dinge nicht einfacher. Unserer Sache wäre am besten gedient, wenn wir direkt vor dem Weltsicherheitsrat sprechen könnten. Wenn seine fünf ständigen Mitglieder, die »P5« genannt (Frankreich, Russland, die USA, die Volksrepublik China und das Vereinigte Königreich), uns ihr Ohr leihen würden, wäre viel gewonnen. Einmal sollten wir diese Gelegenheit erhalten – und hier greife ich zeitlich etwas vor – unsere Argumente direkt am UNO-Hauptsitz in New York vorzutragen. Ich zog meinen Hut vor Paulo. Sich selbst beim Sicherheitsrat einzuladen, hatte bestimmt viel diplomatisches Geschick erfordert.

Das Gebäude am Hudson River summte wie ein Bienenhaus. Viele Büros. Viele Besprechungszimmer. Für viele Besprechungen. Acht Jahre lang war ich in der UNO ein und aus gegangen und erkannte viele der hohen Beamten wieder. Es fühlte sich an wie ein Nach-Hause-Kommen. War ich damals vom FBI jeweils durch den Nebeneingang gebracht worden, so benötigte ich nun einen Besucher-Badge.»Ah, Del Ponte, wieder hier?«, grinste der Sicherheitsbeamte.»Ja, tut mir leid für Sie!«, scherzte ich. Ich war in Hochstimmung, wertete es als gutes Omen, dass die Leute an der Sicherheitsschleuse sich meiner entsinnen konnten. Vielleicht wäre heute etwas zu gewinnen! Ein Journalist der CNN besann sich ebenfalls auf mich. Zu meinem Bedauern musste ich ihm den Interviewwunsch abschlagen – Paulo schätzte ein Übermaß an Medienaufmerksamkeit nicht. Das heißt, wenn er nicht selbst involviert war.

Mit über 300 Gemälden und Kunstobjekten erweckt das UN-Hauptgebäude beinahe den Eindruck einer Kunstgalerie. Draußen empfängt einen der bekannte verknotete Revolver, eine Erinnerung an die anzustrebende Gewaltlosigkeit. Und die Plastik»Schwerter zu Pflugscharen« zeigt einen Schmied, der unter wuchtigen Hammerschlägen Metall umformt. Ein Geschenk der Sowjetunion, gestiftet, um Friedenswillen zu demonstrieren. Ob da nicht Politik und Kunst im Widerspruch zueinander stehen, hatte ich mich bei früheren Besuchen schon gefragt. Der ehrenwerte Klotz mit seinen 39 Stockwerken hatte in den vergangenen Jahrzehnten völkerübergreifende Friedensideen hervorgebracht. Doch die beherzten Entscheidungsträger von damals hatten Sprechern und Rednern Platz gemacht. Ich hoffte inständig, die heutige Sitzung wäre keine reine Zeitverschwendung, denn eines hatte Syrien nicht: Zeit. Wenn man bedachte, dass stündlich gemordet und geschändet wurde.

Artikel 2 in Ziffer 4 der UN-Charta beschreibt ein zwingendes Gewaltverbot der Staaten in ihren internationalen Beziehungen. Gemäß Terminologie des Völkerrechts handelt es sich in Syriens Fall um einen »nicht-internationalen bewaffneten Konflikt«, einen Bürgerkrieg zwischen Regime und Rebellen. Die Aufständischen hatten sich zur offiziellen Kriegspartei gemausert. Die Einmischungen anderer Staaten ließe es zu, von einem »internationalen bewaffneten Konflikt« zu sprechen. Doch die Beteiligung von außen an einem Bürgerkrieg macht diesen de facto noch nicht zum internationalen Konflikt (die UNO sprach auch in Afghanistan nicht von einem internationalen bewaffneten Konflikt, obwohl ausländische Truppen Präsenz markierten). Politischen Beobachtern und zunehmend auch der Weltöffentlichkeit war bewusst, dass der syrische Konflikt einer Zerreißprobe seiner Nachbarländer ausgesetzt war, Israel und Jordanien im Süden, dem Libanon im Westen, der Türkei im Norden und dem Irak im Osten. Und wer eins und eins zusammenzählen konnte, dem war klar, dass sich auf dem Schlachtfeld Syrien Ost und West gegenüberstanden, Russland mit seinen Verbündeten, dem Iran, sowie die Amerikaner mit ihren Alliierten, darunter Frankreich und Deutschland. In Syrien war der Stellvertreterkrieg in vollem Gang.

Hafiz al-Assad hatte sich 1980 mit dem »Vertrag über Freundschaft und Zusammenarbeit zwischen UdSSR und der Syrischen Arabischen Republik« noch stärker der Sowjetunion zugewandt. Er suchte Schutz vor den USA, die in Syrien einen potenziellen Gegenspieler ausmachten, aufgrund der Allianz mit dem Iran. Nach diesem Vertrag stehen Russland und Syrien sich in Zeiten der Gefahr bei. Ein nicht unwesentlicher Grund für den Beistand des Kremls ist der syrische Hafen Tartus, dem Kriegshafen, den die russische Flotte außerhalb des ehemaligen Sowjetraums anlaufen kann. An einer Schwächung des Irans durch den Sturz Assads hatte Russland kein Interesse. Bei einer Gelegenheit sagte ich dem russischen Gesandten in Genf auf den Kopf zu: »Ihr liefert Assad Waffen – dafür könntet ihr schon morgen strafrechtlich belangt werden.« Der Russe ließ sich davon nicht aus der Ruhe bringen. »Pacta sund servanda«, sagte er über alle Zweifel erhaben auf Lateinisch, »die Verträge sind einzuhalten.« Russland hatte einen Pakt, den es einzuhalten galt. Ende der Diskussion.

Mit Teheran hatte Damaskus seine bilateralen Beziehungen ausgebaut – und war damit faktisch eine Kooperation gegen die USA und deren Schutzbefohlenen Israel eingegangen. Soviel man wusste, schickte Teheran in geheimen Aktionen ihre Elite-Soldaten der Al-Quds-Brigade in den Kampf an Assads Seite. Saudi Arabien wiederum war daran gelegen, dem Iran noch auf syrischem Boden die Stirn bieten zu können. Der syrische Aufstand war somit gleichsam zum arabisch-iranischen Ersatzkrieg geworden. In diesem Konflikt stand mehr auf dem Spiel als Assads Niederlage oder Machterhaltung. Das Ende des Regimes wäre gleichbedeutend mit dem Ende des letzten säkularen multikonfessionellen und multiethnischen Systems in der Region.

Blieben die Terrorgruppen Sieger, würde dies ein Aufkommen des aggressiven Islams nach sich ziehen. Der Syrienkrieg würde damit lediglich seine Fortsetzung in der Destabilisierung weiterer Staaten finden.

Üblicherweise tagt der Sicherheitsrat in seinem wohlbekannten runden Konferenzraum, die Stuhlreihen kreisförmig angeordnet, sodass sich die Mitglieder an der Stirnwand das Wandgemälde von Per Krohg ansehen müssen. Der norwegische Künstler hat die Menschheit dargestellt, wie sie sich aus eigenem Antrieb aus Krieg und Elend befreit. Diese politisch stark aufgeladene Plattform bot man uns jedoch nicht an. Wir waren zu einem Meeting nach der »Arria-Formel« geladen – ein informelles Forum, offiziell zur »Bereicherung von Erörterungen«. In diesen Sitzungsraum können die Mitgliedsstaaten jede Organisation formlos einladen. Wir waren für den Ratssaal also entweder nicht wichtig genug – oder zu wichtig. Ich hatte meine Hoffnung auf frühere Beziehungen gesetzt, persönliche Kontakte, die ich noch während des Kriegsverbrechertribunals zum Sicherheitsrat aufgebaut hatte. Doch als ich die Anwesenden musterte, fiel mir augenblicklich auf: Die Botschafter, die bekannten Gesichter fehlten. Ich flüsterte Paulo zu: »Das sind nicht die Botschafter – es sind ihre Stellvertreter.« In einigen Fällen handelte es sich nicht einmal um den direkten Stellvertreter – man hatte uns mit der Nummer drei oder vier in der hierarchischen Reihenfolge abgespeist. Es waren junge Gesichter. Je jünger, desto unwichtiger im Rang.

Ich brannte in meinen Ausführungen dennoch mit einem Feu Sacré. Auf den jungen Gesichtern war keine Regung zu erkennen. Die Botschaft kam nicht an. Der politische Wille, Syrien zu Gerechtigkeit zu verhelfen, war ebenso abwesend wie die wichtigsten Gesandten der P5. Meine Hoffnung ruhte auf Samantha Power, der Botschafterin der USA. Ich hatte sie informell um Beistand gebeten, ungeniert die alte Bekanntschaft benutzt. »Transitional justice«, hatte sie mir gleich gesagt, also Gerichtsmechanismen auf dem Staatsgebiet der Opfer, »is not possible«. Das Gerechtigkeitsempfinden der Amerikaner ließ wohl stark nach, konstatierte ich bitter. Wir hoben das Beste bis zum Schluss auf: unsere »Liste« – 93 Namen, die wir ermittelt hatten, allesamt Kriegsverbrecher, und allein 81 von ihnen gehörten der syrischen Regierung an – wirkungslos.

Als wir anschließend die Sicherheitsschleuse hinter uns ließen, vorbei an meinen alten Bekannten, und in New Yorks eisige Kälte traten, beglückwünschte mich Paulo zu meiner kompromisslosen Rede: »Ich hätte diese Härte nicht aufgebracht.« Es herrschten minus 17 Grad. Keine Idealtemperatur für jemanden, der unter der Sonne des Maggiatals aufgewachsen ist. Ich beschloss hier und jetzt, nicht noch einmal nach New York zurückzukehren. Die tiefen Temperaturen hatten damit nichts zu tun. Die Kollegen der Kommission empfanden anders als ich: Sie werteten es als politischen Erfolg, überhaupt von der UNO in New York angehört zu werden. Grund genug für ein festliches Dinner in einem der Spitzenrestaurants, die Paulo in jeder Weltstadt kannte. So weit kam ich allerdings nicht. Wir warteten gerade auf den Tisch, trugen unsere dicken Wintermäntel, und das Restaurant war, typisch amerikanisch, übermäßig geheizt. Mir wurde plötzlich elend. Ich entschuldigte mich und nahm ein Yellow Cab zurück ins Hotel. Ich hatte wohl einfach einen schlechten Tag.

So kehrten wir zurück an den Genfer See, in den 5. Stock des Palais Wilson. Das heißt, einen 5. Stock gab es dort nicht. Vom

– 50 –

4. Stock führte eine Treppe auf den Dachboden, unsere vier Büros lagen direkt unter dem Dach. Man hätte daraus durchaus schließen können, dass wir in der Prioritätenliste des UNHRC keine besondere Stellung einnahmen (irgendwann gewährte man uns im Parterre ein Sitzungszimmer, weil die Hitze unter dem Dach unerträglich wurde). Von der offiziellen Schweiz war nichts zu vernehmen. EDA-Vorsteher Didier Burkhalter stattete dem UNHRC einen Besuch ab, und Alexandre Fasel lud die Kommission in corpore regelmäßig zum Abendessen in die Residenz ein, aber das waren freundschaftliche Gesten. Die Schweiz war wie immer so zurückhaltend, dass sie auch ihre finanziellen Beiträge für die humanitäre Hilfe und zugunsten der Friedensverhandlungen nicht an die große Glocke hängte. Mit guten Vorschlägen hielt Fasel sich freilich nicht zurück; bei einem dieser Diners bestärkte er mich darin, eine Anklageschrift vorzubereiten. Das war Musik in meinen Ohren. Paulo hatte allerdings weniger Musikgehör.

Wenn die Kommission in Genf tagte – was im Januar, März, Juli, August und September der Fall war – dann statteten wir den Botschaftern von Irak, Russland, USA, Libyen, Jordanien und einigen weiteren Staaten Höflichkeitsbesuche ab. Wir waren auf bestimmte Gefälligkeiten angewiesen. Wie etwa auf die Erlaubnis, in diesen Ländern Zeugen befragen zu können. Da wir in der Regel nicht eingeladen wurden, drängten wir uns einfach auf. Nur der Botschafter des Iraks schaffte es, uns sieben Jahre zu ignorieren. In der Botschaft des Irans war eine Frau in meiner Position eine Seltenheit, und der iranische Botschafter schüttelte lediglich meinen männlichen Kollegen die Hand. Ich hatte vergessen, dass dies aus religiösen Gründen Usus ist, und hielt ihm freundlich die Hand hin – ein Fauxpas. Unser Besuch betraf die schiitischen Hisbollah-Milizen, die an Kampfhandlungen gegen sunnitische Dschihadisten-Brigaden teilgenommen hatten. Die Hisbollah, die »Partei Gottes«, war eine überaus motivierte Kampfformation im Bündnis mit Assad – und stellte für die Israelis an ihrer Nordgrenze eine zunehmende Bedrohung dar. Der Iran wäre gut beraten, sich nicht aktiv ins Geschehen einzumischen, rieten wir staatsmännisch. Der Botschafter bestritt ganz einfach die Aktivität der Hisbollah. Um die guten Beziehungen zum Iran nicht aufs Spiel zu setzen und weiterhin an seiner Grenze zu Syrien ermitteln zu können, beließen wir es dabei.

Einmal bereiteten Deutschland und Griechenland uns Schwierigkeiten; unseren Ermittlern wurde der Zugang zu griechischen Flüchtlingslagern verwehrt. Es hieß, wir würden dort nur »für Unruhe sorgen«. Ich richtete deutliche Worte an den deutschen Botschafter in Genf: »Wenn ihr uns nicht hereinlasst, werden wir öffentlich klagen, und es wird sich als sehr ungünstig auswirken, dass ausgerechnet Deutschland seine Flüchtlingslager abschottet!« Er ergriff sofort den Telefonhörer, um Berlin zu benachrichtigen, damit er »die Sache für uns abklären könne«. Was dann auch zu unseren Gunsten geschah. Unsere Leute vor Ort berichteten, sie hätten noch nie so ungenügende Lebensumstände gesehen wie im griechischen Camp, und sie hatten schon allerhand gesehen. Das, so schlossen wir daraus, war der eigentliche Grund, warum die Griechen unsere freundlichen Aufforderungen an sich abperlen ließen. Um die Wogen zu glätten, lud der deutsche Botschafter uns zum Lunch ein. Ich fing an zu glauben, dass sämtliche Staatsgeschäfte beim Essen erledigt werden.

In der Sprache der Diplomaten gibt es kein »Ja« und auch kein »Nein«. Stattdessen gibt es unverbindliche Wortklaubereien wie »Ich werde das abklären« oder »Lassen Sie mich nachfragen.« Worauf man in der Regel nicht mehr mit einer Antwort rechnen sollte. Nur zu oft erinnerte mich das an die *muro di gomma*. So bezeichnen wir im Italienischen die Gummiwand der Verweigerungshaltung. Die »Wand« ist als solche nicht sichtbar. Einflussreiche Personen verschanzen sich hinter ihr. Sie lassen daran Gesuche wie an Gummi zurückprallen, während sie den Bittsteller vertrösten, ihm sogar den Gedanken eingeben, seine Bitte sei auf offene Ohren gestoßen. Ich war bei Geldgebern der Mafia und bei Schweizer Bankbeamten ebenso auf Gummiwände gestoßen wie bei den höchsten Staatschefs. Selbst Del Ponte kommt mit ihrem sturen Kopf nicht ohne Weiteres durch die *muro di gomma*.

Ich war wohl doch noch nicht genug Diplomatin – und ich wollte es auch nicht werden –, um für Machtspiele die nötige Geduld aufzubringen. Schon in Den Haag hatte ich Unterredungen mit Regierungspräsidenten mit der Einführung begonnen: »Ich bin keine Diplomatin.« Eigentlich hätte ich die Sprache der politischen Unterhändler mittlerweile beherrschen müssen – schließlich war ich ja selbst Botschafterin gewesen.

Zwischenspiel in Argentinien

Der Letzte, mit dem ich je um einen Job schachern musste, war Christoph Blocher. Kaum dass er Justizminister geworden war, verlangte er mich in Bern zu sehen. Um nicht als allzu fügsam zu erscheinen und weil die Zeit einer Chefanklägerin kostbar war, ließ ich ihm durch seinen Sekretär bestellen, er möge mir den Bundesratsflieger nach Den Haag schicken. Es waren die letzten Monate meines Mandats am internationalen Gerichtshof (ICTY) im Jahr 2007. Ich hatte lange auf die Verhaftungen von Mladić, Karadžić und all der anderen Angeklagten hingearbeitet. Einige waren weiterhin auf freiem Fuß, wurden dem UN-Tribunal nicht ausgeliefert. Da waren noch offene Rechnungen mit der Gerechtigkeit zu begleichen.

Nach einem kurzen Flug im bundesrätlichen Jet stand ich also, etwas widerwillig noch, vor Blocher, damals noch in Amt und Würden als Bundesrat. Als großer Kunstfreund hatte er es verstanden, sein Magistratenbüro mit dem passenden Werk aus der Kunstsammlung des Bundes zu schmücken: Hinter ihm schwang Hodlers Holzfäller kraftvoll seine Axt. »Was gehen uns Milošević und seine Kumpane an?!«, verlangte Blocher zu wissen, ohne darauf eine Antwort hören zu wollen. Slobodan Miloševićs Prozess vor dem Strafgericht in Den Haag hatte 2002 begonnen, doch leider schied der serbische Kriegsverbrecher schon 2006 aus dem Leben, sodass er um die Verurteilung und damit seine gerechte Strafe herumkam. Doch sein Name war –

offenbar auch für Bundesrat Blocher – ein Synonym für die Auf-
arbeitung des Balkankonflikts geblieben. Nun war Christoph
Blocher kein Mann, der um den heißen Brei herumredete. Seine Absicht war mir nach Minuten klar: Er wollte das UNO-
Mandat so zurechtstutzen wie Hodlers Holzhacker das mit seinem Baumstamm zu tun pflegte. Zwar bezahlte die UNO
meinen Lohn, wohl aber trug die Schweiz die Kosten für die Sicherheit mit, was ihr ein Mitspracherecht einräumte. Bern kam
für die Bodyguards auf, die meine Sicherheit garantierten. Blocher wollte mich zurück in der Schweiz haben, noch vor Ablauf
des Mandats. Er musste seinen amtierenden Bundesanwalt Va-
lentin Roschacher ersetzen, dafür sollte ich auf meinen früheren
Posten zurückkehren. »No, grazie«, dankte ich ihm für das Angebot. »Man geht nie zurück, man geht immer vorwärts.« Eines
von Blochers Talenten ist seine Fähigkeit, auch jenen zuzuhören,
die nicht mit ihm einig sind. »Ich bleibe in Den Haag«, insistierte ich, »da gibt es keinen Spielraum, Herr Bundesrat, ich füh-
re das Mandat zu Ende.«

Und nachher? »Dann werde ich Botschafterin!« Blocher warf
in einer seiner typischen Gesten die Hände hoch. »Um Gottes
willen!« Diesen Wunsch hatte ich den Ministern gegenüber
schon früher geäußert, noch als Ruth Dreifuss des Amt der Bun-
despräsidentin und Ruth Metzler-Arnold jenes der Justizministerin bekleidete. Sie hatten das seinerzeit ohne Gegenvorschläge
zur Kenntnis genommen. Vielleicht dachten sie ja, die Del Ponte ändert noch ihre Absichten. Wohin man mich entsenden
würde, war mir nicht wichtig. Nun aber stand Micheline Calmy-Rey dem Außenministerium vor, und die Benennung von
Carla Del Ponte in den Rang einer Botschafterin fiel damit in ihre Domäne. Es war ein offenes Geheimnis, dass Blocher sich mit

der SP-Bundesrätin nicht verstand. Es war innerhalb der Classe politique ebenso bekannt, dass Calmy-Rey nicht viel von mir hielt. »Ich weiß nicht, ob ich das hinbekomme«, meinte Blocher mit einer bescheidenen Selbsteinschätzung seiner politischen Fähigkeiten, die ich ihm gar nicht zugetraut hatte. Ich nahm ihn in die Pflicht. Denn das Botschafteramt war mir in die Hand versprochen worden. »Gut«, sagte er abschließend, »ich lasse es Sie wissen.« Einige Monate darauf meldete sich sein Sekretär erneut: »Es ist geregelt.« Das EDA werde mit mir Kontakt bezüglich der Details eines Botschafterpostens aufnehmen.

Bei unserem nächsten Treffen schmunzelte Blocher mir zu. »Glück gehabt, Del Ponte!« Glück? Da musste wohl noch etwas mehr in die Waagschale geworfen worden sein, und Blocher gab zu, mit Calmy-Rey einen Tauschhandel gemacht zu haben. Was der Justizminister der EDA-Vorsteherin als Faustpfand für meinen Botschafterjob gegeben hat, habe ich nie erfahren. Das tun die Betreffenden eines Kuhhandels ja gewöhnlich auch nicht.

In Europa wollte mich die Außenministerin nicht haben. Afrika oder Argentinien, ich hatte die Wahl. Calmy-Reys Absicht war leicht zu erkennen: So weit wie möglich weg mit ihr! Stand ich ihr vor der Sonne? Schon als Bundesanwältin war ich zu einer gewissen Berühmtheit gekommen, aus der ich mir persönlich nicht viel machte, und als Chefanklägerin des UNO-Sondertribunals war ich ins internationale Rampenlicht getreten. Das führte dazu, dass mir in Restaurants Gästebücher zur Unterschrift vorgelegt werden und dass ich im Supermarkt doppelt so lange an der Kasse anstehe, weil ich immer wieder von Wildfremden angesprochen werde. Diesen Bekanntheitsgrad aufzugeben, machte mir überhaupt nichts aus, auch wenn ich gern in Europa geblieben wäre. Argentinien schien mir abgele-

– 56 –

gen genug dafür, um wieder Ruhe einkehren zu lassen in mein bewegtes Leben. Die Bezahlung war gut, besser als in Den Haag, was mir gelegen kam, um mir in den letzten drei Jahren in Staatsdiensten meine Pension zu sichern. Argentinien, das klang nach bezahlten Ferien! Ohne familiäre Verpflichtungen und frei von jeder politischen Bindung sagte ich zu. Drei Jahre in Buenos Aires. Bueno!

Im März 2008, nur knapp drei Monate nach meinem letzten Tag in Den Haag, setzte mein Flugzeug in Buenos Aires auf. Mein Alter von 61 Jahren passte gut zur Seriosität, nach der meine neue Aufgabe verlangte. Mein Stellvertreter Eric Mayoraz (heute unser Botschafter in Mexiko) holte mich ab. Ich hatte schon fast vergessen, wie es ist, mit Polizeieskorte durch eine Stadt zu fahren. Die Schweizer Fähnchen flatterten an den Seiten des Botschafterwagens; ein bejahrter, aber gepanzerter Mercedes, den man aus der Schweiz importiert hatte. Vor der Residenz waren die Hausangestellten zum Spalier aufgestellt. Neben der Köchin, dem Privatchauffeur und dem Dienstmädchen war da auch der Wächter einer privaten Sicherheitsfirma eingereiht. Mit den Beeinträchtigungen, die Personenschutz auf die Beweglichkeit haben kann, musste ich mich wieder anfreunden. Der Sicherheitsdienst schickte den argentinischen Fahrer auf mein Anraten hin zum Fahrkurs nach Thun, denn ein gepanzertes Auto fährt sich anders, und schließlich wollten wir im Notfall schnell auf Fluchtgeschwindigkeit kommen. Jacinto war froh, sich diese Kenntnis aneignen zu können. Für den Fall der Fälle. Er pilotiert übrigens noch heute den Wagen des Botschafters.

Unerprobt, wie ich in diplomatischen Fragen war, konnte ich mich ganz auf Mayoraz verlassen. In meiner ersten Amtshandlung hatte ich der argentinischen Regierung die Aufwartung zu machen, meine Referenzen vorzulegen und an einem Denkmal einen Blumenstrauß niederzulegen. Quereinsteiger in der Diplomatie sind selten, wie man mir gegenüber auch immer wieder gern erwähnte. Mit Botschaftern hatte ich indessen schon mehrfach zu tun gehabt, und alle hatten eines gemeinsam: sie schienen nicht besonders unter Stress zu stehen. Dass das auch auf meine Tätigkeit zutraf, sollte sich nur allzu schnell bewahrheiten. Bern machte mehr als nur die Vorarbeit, Bern dirigierte jede Aktivität. Es hieß, Micheline Calmy-Rey kontrolliere in einem Bericht noch jedes einzelne Komma. Sitzt man nicht in den wirtschaftlich relevanten Posten der europäischen Hauptstädte, dann übt man kaum Einfluss aus, dann ist ein Botschafter lediglich der Überbringer von Nachrichten aus Bundesbern, ein besserer Postbote.

Dass Calmy-Rey mich an der kurzen Leine hatte, merkte ich spätestens, als ich ohne böse Absicht den Journalisten Fragen zum Kosovo aus Sicht der ehemaligen Chefanklägerin beantwortete. Ich wurde unverzüglich nach Bern zitiert. Doch die Außenministerin empfing mich nicht. Der Staatssekretär fertigte mich mit Nettigkeiten ab. »Warum bin ich auf Kosten der Steuerzahler hergekommen, wenn man gar nicht mit mir sprechen will?« Die Antwort konnte ich mir selbst geben: Das war der Preis fürs Amt. Mundtot zu sein.

Vielleicht ging der Ursprung von Calmy-Reys Ärger noch weiter zurück. Als ich mein Amt in Den Haag angetreten hatte, traf ich mich zu Unterredungen mit den höchsten Staatspräsidenten; der deutsche Kanzler Gerhard Schröder hatte innerhalb zwei Wochen einen Termin für mich frei, Frankreichs Präsident Jacques Chirac unterbot ihn sogar noch um eine Woche. Micheline Calmy-Rey ließ mich volle drei Monate warten. Natürlich fragte ich bei unserem ersten Treffen nach dem Grund; man hat mir ja noch nie vorwerfen können, ich sei auf den Mund gefallen. Doch über ihre Veranlassung ließ sie mich im Unklaren. Ich nahm daher an, sie spiele gern das Spiel des Power-Players. Dass sie mir untersagte, in Mailand der Vernissage meines eigenen Buchs beizuwohnen (*Im Namen der Anklage*, mit Chuck Sudetic, erschienen 2008), weil ich als Botschafterin die Interessen der Schweiz vor die eigenen zu stellen habe – so die offizielle Begründung –, roch für mich nach später Rache. Bestimmte Politiker und Mitglieder der außenpolitischen Kommissionen in National- und Ständerat verlangten damals gar meine Entfernung vom Botschafterposten.

So blieb mehr als genug Zeit, mit einer Privatlehrerin Spanisch zu pauken. Mitunter schwänzte ich ungehorsam die Hausaufgaben, um die örtlichen Golfplätze unsicher zu machen. Als ehemalige Chefanklägerin genoss ich ein gewisses Renommee, und da sich auch die argentinische Präsidentin Cristina Elisabet Fernández de Kirchner gern mit bekannten Gästen schmückte, stand ich bald mit Maradona oder Carlos Reutemann auf der VIP-Liste. Dem Formel-1-Rennfahrer zu begegnen, freute mich. Immerhin hatte ich die Prüfung am Hockenheim-Ring abgelegt, in meinem Porsche. Es war schließlich das Treffen mit dem Generalstaatsanwalt von Buenos Aires, das zu einer Beschäftigung führte, die meine Bürostunden sinnvoll ausfüllte: Ich durfte seine Staatsanwälte in internationalem Recht unterweisen. Bald ersuchten die Universitäten des Landes um Vorträge. Die 100 000 Franken, die uns im Budget für humanitäre Hilfe zustanden, setzten wir sinnvoll ein. Außerhalb der respektablen Hauptstadt stieß man schnell auf Armut, und einem Dorf konnten wir zu einer Grundwasserbohrung und damit zu fließendem, frischem

– 59 –

Wasser verhelfen. Ein Quartier in Buenos Aires lautete auf den Namen »Lugano«, vor 100 Jahren gegründet von Exil-Tessinern, und zum Jubiläum luden sie »ihre« Exil-Tessinerin ein. Trotz all der Spanisch-Stunden hatte ich meine Muttersprache noch nicht verlernt.

Gab es zwischen der Schweiz und Argentinien auch keine nennenswerten Berührungspunkte, so arbeiteten beide Länder doch seit Jahren an einem wechselseitigen Rechtshilfeabkommen. Dieses zum Abschluss zu bringen, fiel mir leicht. Und da die Justizministerin unabkömmlich war, als der Vertrag besiegelt wurde, durfte ich mich in die Annalen dieses Rechtsstaats einschreiben. Was mir die Befriedigung verschaffte, doch nicht ganz umsonst nach Buenos Aires gekommen zu sein.

So zogen die drei Jahre ins Land, die mir die Pension sicherten, damit ich mich mit 64 endgültig ins Privatleben zurückziehen konnte, wie das hohe Würdenträger ja so auszudrücken pflegen, wenn sie ganz einfach pensioniert werden. Offiziell verabschiedet hat die Außenministerin mich nicht. Ich erwartete das auch nicht von ihr. Als ich zum Ende der Amtszeit bei einer Botschafterkonferenz programmgemäß ein Hohelied auf meine Chefin hätte singen sollen, lehnte ich meinerseits ab. Das Diplomatentum war mir wohl doch nicht ganz in Fleisch und Blut übergegangen.

Ein Flüchtlingsjunge
im Königreich

Vor dem Hotel in Amman fuhren drei Wagen vor. Gleiches Modell, gleiche Farbe, alles gleich – damit potenzielle Attentäter nicht auf Anhieb feststellen konnten, welches Auto uns transportierte. Die Kommission hatte unter anderem um ein Meeting mit dem Chef des jordanischen Geheimdiensts nachgesucht, die Modalitäten wurden dann jeweils von den Nachrichtendienstlern übernommen. Durch die getönten Scheiben bestaunte ich die ansehnliche Hauptstadt des jordanischen Königreichs, die sich wie eine Braut ganz in Weiß präsentierte. Ein helles Häusermeer am Rand der Wüste. Erst die jahrelangen Flüchtlingsströme hatten Amman zur Großstadt anschwellen lassen.

Es war Ende des Sommers 2013. Die USA hatten dem jordanischen Verbündeten kürzlich neue Waffensysteme geliefert, was Russland scharf kritisierte. Die jordanischen Agenten kurvten auf Umwegen um die 19 Hügel der modernen Metropole, bis die drei Wagen ein palastähnliches Gebäude erreichten, das sicherheitstechnisch vorbildlich abgeriegelt und damit offenbar Ziel unserer Fahrt war. Es war die erste gemeinsame Reise unserer Kommission. Wir erhofften uns Einblicke in klassifizierte Informationen. Vielleicht war es naiv, den Geheimdienst um Auskunft zu bitten. Dass Jordanien sich offiziell gegen die Regierung Assads stellte, hieß ja noch nicht, dass man heikles Wissen teilte. Der jordanische Geheimdienstchef sah keine Veranlassung, mit uns mehr als diplomatische Höflichkeiten auszu-

– 61 –

tauschen. Die Fahrer der drei Wagen nahmen andere Umwege, bis sie uns beim Hotel wieder absetzten. Die Treffen mit weiteren hohen Behördenmitgliedern blieben ebenso ergebnislos. Vielleicht suchten wir an der falschen Stelle. Außerhalb der Stadt lag ein Flüchtlingslager, wo die Informationsquellen ergiebiger sein dürften. Wir holten die Erlaubnis ein, »Zaatari« besuchen zu dürfen. Das konnte man uns nicht abschlagen. Die UNICEF hatte soeben gemeldet, dass bis dahin eine Million syrischer Kinder ins Ausland geflüchtet waren. Das einmillionste Flüchtlingskind, dies hatten die Statistiker nachgerechnet, hatte gerade seine Heimat verlassen. UN-Flüchtlingskommissar António Guterres nannte das eine »bedrückende Wegmarke« und schlug der Weltgemeinschaft vor, sich zu schämen (die Gesamtzahl der Kinder auf der Flucht, jene innerhalb Syriens eingerechnet, wurde schon damals auf zwei bis drei Millionen geschätzt). Wir wollten eigene Eindrücke von der Flüchtlingskrise bekommen und »Zaatari« aus der Nähe sehen. Einige Autostunden nördlich von Amman bot sich uns der unglaubliche und bedrückende Anblick des größten Flüchtlingslagers der Welt: 120 000 Syrer hatten praktisch eine Großstadt aus dem Boden gestampft, nur sechs Kilometer von ihrer alten Heimat entfernt. Zum Zeitpunkt unseres Besuchs war »Zaatari« gerade ein Jahr alt und hatte als feste Siedlung Fuß gefasst – die viertgrößte auf jordanischem Boden. Die schiere Größe erforderte das Können von Städteplanern. Das Lager war in Bezirke aufgeteilt, in denen jeder Mensch mit einer eigenen Anschrift zu finden sein sollte. An einer Hauptstraße, in einer Mischung aus Zynismus und Hoffnung »Champs-Elysées« getauft, lagen Marktstände und Läden. Der jordanische Außenminister stellte uns Sicherheitsleute zur Seite und bat uns, bestimmten Vierteln fernzubleiben. Denn in dieser neu entstandenen Zwangsgemeinschaft herrschte bereits die altbekannte Hackordnung zwischen Herrschenden und Untertanen. Gewalttaten, auch gegen Beamte, waren ebenso an der Tagesordnung wie Drogenhandel. Natürlich hatten wir Verständnis für die Einschränkungen. Man stelle sich den politischen Supergau vor, wenn ein Mitglied der UNO-Delegation in einem Flüchtlingscamp verletzt würde. Allerdings konnten wir uns von der Arbeit des Flüchtlingswerks der Vereinten Nationen überzeugen. Wie die UN die Notspitäler organisiert hatte, erleichterte uns die Ermittlertätigkeit. Sie hatten nämlich die Opfer systematisch nach den jeweiligen Gewaltereignissen auf die Spitalbetten verteilt.

Der Geruch stach mir scharf in die Nase, als die Plane des Lazarettzelts zurückgeschlagen wurde. Bestimmte Verwundungen riechen nach verdorbenen Früchten. Wundbrand erinnert an den Geruch fauler Eier. Die Verbände waren dunkelbraun von getrocknetem Blut. Es roch nach Urin. Ich musste an die frische Luft. Das nennt sich Spital? In diesem stinkenden Zelt klammerten sich verzweifelte Menschen an ihr Leben. Und es wurden ständig neue Verwundete angeliefert. Wer operiert und außer Lebensgefahr war, wurde in eine andere Station verlegt. So deutlich war mir die Verheerung des Krieges noch nie vor Augen geführt worden.

Hatte ich nach Beweisen für die Prozesse am Kriegsverbrechertribunal gefahndet, waren die Opfer lange tot. Ich staunte zu jenen Zeiten über mich selbst, wie ich Emotionen fast mühelos außen vor lassen konnte, wenn ich an Massengräbern stand. Die Arbeit härtete ab. Dennoch, unmöglich zu vergessen war jene katholische Kirche in Ruanda, in der ganze Tutsi-Familien von Hutu-Milizen hingemetzelt worden waren. In der

Sonne bleichten ihre Gebeine – die Gerippe unzähliger Opfer. Die Schädel wiesen die Zertrümmerung durch die Mordinstrumente auf. Doch nicht einmal diese für mich einschneidende Konfrontation mit dem Übel von Ruanda hatte mich auf die Feldlazarette von »Zaatari« vorbereiten können.

Wir schafften es, uns durch Dolmetscher mit den Kriegsopfern zu unterhalten. Vielen fiel es schwer, ihre Erlebnisse in Worte zu fassen. Es fand sich jeweils eine Person, die für ihre Gruppe sprechen konnte. Waren sie auch durch ein bestimmtes Ereignis in diesem Krieg Schicksalsgefährten geworden, so hatte doch jeder seine persönliche Geschichte zu erzählen. Erst nach Aufnahme dieser Protokolle schickten wir unsere Ermittler aus, das Gesagte zu bestätigen. Sie sammelten Fotos, Videoaufnahmen, Satellitenbilder, forensische und medizinische Berichte.

Die Augen der bettlägerigen Patienten sprachen Bände. Vor allem dem Blick der Kinder konnte man sich nicht entziehen. Das sind die Opfer, sagte meine innere Stimme, für die wir Gerechtigkeit einfordern müssen. Man brauchte kein Kinderpsychologe zu sein, um zu erkennen, welche seelischen Wunden der Krieg bei seinen wehrlosesten Opfern geschlagen hatte. Eltern aus Homs hatten beobachtet, wie ihre Kinder »sich schreiend verstecken, wenn ein Flugzeug am Himmel erscheint«. Damaszener gaben an, dass ihre Kinder bei lauten Geräuschen aufschrecken und die Kontrolle über ihre Blase verlieren. Panikattacken bei kriegstraumatisierten Kindern sind keine Seltenheit. Und ein Vater hatte konsterniert zur Kenntnis genommen, dass die Kinderspiele nunmehr auf Kriegserlebnissen basierten.

In unseren Berichten schilderten wir, wie Oppositionstruppen Kinder in ihre Reihen aufnahmen, Jugendliche auch aktiv rekrutierten. Anfangs wurden den Jüngsten Aufgaben wie das

Reinigen von Waffen oder das Ausspähen von feindlichen Positionen übertragen. »Oft«, so stellte ein Aleppo-Freischärler anerkennend fest, »sind die Jungen tapferer und auch cleverer als die Erwachsenen.« Bald wurde kein Altersunterschied mehr gemacht. Schon 15-Jährige wurden an der Waffe ausgebildet. Ein Aufständischer von Aleppo fasste den Einsatz von Kindersoldaten so zusammen: »Die Kinder sind keine Kinder mehr.«

Unser mehrtägiger Besuch des Lagers mit dem zweifelhaften Ruf, das größte der Welt zu sein, deprimierte mich dermaßen, dass ich Paulo anvertraute, weitere Visiten lieber aussetzen zu wollen. »Wir geben ihnen Hoffnung, Carla«, sagte er. »Eine falsche Hoffnung«, korrigierte ich. »Zaatari« beelendete mich. Wie ist es der Staatengemeinschaft möglich, solchem Elend tatenlos zuzusehen? Ich ließ darauf einen weiteren Besuch ausfallen. Die Kollegen der Kommission berichteten mir, man habe dort namentlich nach mir gefragt. Offenbar sehen die Opfer in einer Chefanklägerin ein Symbol der Justiz, eine Hoffnung auf spätere Genugtuung vor Gericht. Ich beantragte in Bern einen richtigen Diplomatenpass. Denn Formalitäten und lange Wartezeiten ließen sich nicht umgehen, da ich nur mit dem Schweizer Reisepass ausgestattet war. Ich verfügte noch über das blaue UN-Zertifikat, das eher als »Empfehlung« zu verstehen war, seinem Träger behilflich zu sein. Bald hielt ich stolz meinen roten Diplomatenpass in Händen.

Zurück in der »Weißen Stadt«, in Amman, trafen wir auf syrische Verwundete, alle auf einer Etage eines Spitals untergebracht. Zusammengepfercht wäre das treffendere Wort. Und wieder der Gestank – himmelschreiend. In einem dieser überfüllten Zimmer lag ein zweijähriger Bub. Er trug eine Atemhilfe in der Nase und sagte keinen Ton. Vermutlich, dachte ich, ist der Kleine noch geschockt. War er vielleicht das einmillionste Flüchtlingskind? Außerhalb dieser rechnerischen Statistik gab es dieses millionste Kind ja tatsächlich, irgendwo. Sein Arzt war stolz auf den Überlebenswillen seines kleinen Patienten: »Wir hatten kaum Hoffnung für ihn, konnten ihn aber doch retten.« Der Junge werde bald wieder ganz gesund sein, stellte er optimistisch in Aussicht. Auch die Ärzteschaft bestand aus syrischen Flüchtlingen. Die Mediziner behandelten ihre Landsleute. Dieser Bub sah mich aus traurigen Augen an. Er habe niemanden mehr, erläuterte mir der Dolmetscher, »seine ganze Familie ist tot«. Wie wohl die Zukunft für dieses Kind aussehen mag, fragte ich mich noch lange, nachdem wir dieses Hospital hinter uns gelassen hatten. Die Frage ließ mich nicht los, ich konnte den Fall dieses Jungen nicht einfach ruhen lassen. Im Tessin suchte ich nach einer Familie, die ihn aufnehmen würde, und erkundigte mich nach den bürokratischen Hürden (sie sind nicht gering). Ein Paar in Lugano war bereit, dem Flüchtling ein neues Heim zu geben. Sechs Monate waren vergangen, doch als ich mich in Amman erkundigte, war der Kleine fort. Niemand im Spital kannte den Aufenthaltsort. Schriftlich wird nichts festgehalten, die Verwundeten kommen und gehen, die Waisen werden fortgegeben. Ich hatte nur ein Foto des Knaben, forschte bei Terre des Hommes nach ihm. Andere Hilfsorganisation durchkämmten ihre Akten. Doch ich fand ihn nicht. Und sein syrischer Arzt, selbst ein Flüchtling, der zu Recht stolz auf die Lebensrettung gewesen war? Auch er hatte sich aufgemacht.

Weniger als drei Jahre nach unserem ersten Besuch schloss Jordanien die Grenze für die Flüchtlinge. Offiziell aus Sicherheitsbedenken, dass Kämpfer des Islamischen Staats (ISIS) sich in die Flüchtlingsströme mischen könnten. Das Königreich erlaubte den Übertritt nur noch im Einzelfall. Daraufhin strandeten die Menschen im Niemandsland. Damit endete auch für uns eine anfänglich positive Zusammenarbeit, der Kontakt brach einfach ab. Über die Gründe schwieg man sich aus. Nur dank der modernen Telekommunikation blieben wir dennoch mit Zeugen über die jordanische Abschottung hinweg in Kontakt. In Genf wurden wir mehrmals bei der jordanischen Botschafterin vorstellig. Es sei politisch gerade »schwierig«, vertröstete sie uns jeweils in der Diplomatensprache, und »wir werden weitersehen.«

Oft flogen kommerzielle Airlines die Flugplätze der Orte nicht mehr an, die wir besichtigen wollten. Ich schlug unserem Präsidenten vor, bei der Schweizer Regierung die Erlaubnis zur Benutzung des bundesrätlichen Falcon-Jets einzuholen. Zu unserer Freude wurde Alexandre Fasels Antrag stattgegeben, und die offizielle Schweiz stellte der UNO den Bundesratsjet nicht einmal in Rechnung. So konnten wir im Kleinflugzeug, das für acht Passagiere ausgestattet ist, blitzschnell Orte anfliegen, für die wir sonst mehrere mühselige Reisetage hätten auf uns nehmen müssen. Die stehende Besatzung für bundesrätliche Missionen sind ein Captain, sein Co-Pilot und ein Flight Attendant. Wenn die UNO uns ziehen ließ, konnten wir in der Regel davon ausgehen, dass die Nachrichtendienste die Lage vor Ort sondiert und als ungefährlich taxiert hatten. Manchmal wurde uns jemand zum Schutz zur Seite gestellt, das konnte ein Blauhelm-Soldat der UN sein, und am Ort übernahm die Polizei unserer Gastgeber die Verantwortung für unsere persönliche Sicherheit. Hier unterschieden sich die Polizeikorps nicht sonderlich: Nach der Ankunft folgte stets das übliche Briefing zu potenziellen Ge-

– 67 –

fahrenherden und den entsprechenden Einschränkungen. In Istanbul mussten wir uns vorsehen: Wir mussten die Opposition, die untereinander zerstritten war, an vier verschiedenen Standorten treffen. Weil eine anonyme Drohung unsere Sicherheitsbeamten nervös machte, durfte ich nach »Dienstschluss« nicht ohne Eskorte durch die eindrückliche Stadt streifen. Ein Restrisiko gab es freilich immer. Das sagen ja auch Extremsportler, wenn man sie nach dem »kalkulierbaren Risiko« ihrer Betätigung fragt. »Riskant« wurde es eher politisch, als unsere Fliegerei im Bundesratsjet plötzlich Schlagzeilen machte. Paulo wollte daraufhin auf die Nutzung verzichten, obwohl wir per Lufttaxi viel effizienter agieren konnten. Ich beschwor ihn, die Journalisten, die uns kleinlich den Aufwand für die humanitäre Mission vorrechneten, nicht zur Kenntnis zu nehmen. Paulo war zu sehr Diplomat, um solche Kritik stehen zu lassen. Und so kamen die Flugreisen im Falcon zu einem allzu frühen Ende.

Verletzte Ärzte

Die Seiten des Notizbuchs, in dem ich meine Beobachtungen festhielt, erinnerten an babylonisches Sprachgewirr: Eintragungen in Italienisch und Englisch wechselten sich ab mit anderen Sprachen. Fünf spreche ich fließend, bedauerlicherweise nicht diejenigen, die für Gespräche über Syrien die wichtigsten gewesen wären. Eine Eintragung betrifft den 13. Februar 2016, geschrieben in einem Hotelzimmer von Gaziantep. Die beiden Ärzte, die uns gegenübersaßen, waren müde vom Krieg. Niemand konnte mehr sagen, wie viele Verletzte sie in fünf Jahren Krieg behandelt hatten, wie viele Leben sie erhalten konnten und wie viele Patienten ihnen auf dem Operationstisch unter den Händen weggestorben waren, am allerwenigsten sie selbst. Ich schätzte sie um die vierzig, obwohl es schwierig war, ihr Alter zu erraten. Beide waren abgezehrt, aßen nur einmal am Tag und der Mangel an Schlaf war ihnen deutlich anzusehen. Sie hätten selbst in ärztliche Pflege gehört, dachte ich. Doch als sie die Vertreter der UNO höchstpersönlich vor sich hatten, war ihre Müdigkeit wie weggeblasen, denn sie versprachen sich viel von dem Treffen. Sie hatten dafür die Risiken der Reise auf sich genommen. Doch sie hatten uns weitaus mehr zu bieten als wir ihnen.

Ein- oder zweimal im Jahr kamen wir nach Gaziantep, um potenzielle Zeugen zu treffen. Diese türkische Provinz lag nahe an der Grenze und manchmal lag der Krieg direkt vor der Haus-

– 69 –

tür. In dieser Region marschierten türkische Truppen für die militärische Intervention in Nordsyrien auf. Die Türkei ist die Rückzugsmöglichkeit für bedrängte Rebellen, der syrische Nationalrat und der Oberste Militärrat der FSA hatten hier ihren Sitz, und die Opposition unterhielt mehrere Ausbildungslager. Zudem führten über die Türkei wichtige Transportwege für Waffen in den syrischen Norden. Seit 2012 sind die Wirtschaftsbeziehungen zwischen der Türkei und Syrien praktisch zum Stillstand gekommen. Für die Flüchtlinge hatte das Land freilich eine ganz andere Bedeutung. Seit das Blutvergießen seinen Anfang nahm, haben sich Millionen von Menschen zum türkischen Nachbarn geflüchtet – kein anderes Land hat mehr Flüchtlinge aufgenommen – und jeder sechste hat sich in diesem Schmelztiegel der Nationen niedergelassen, der nur »Antep« genannt wird. Die Großstadt wirkte auf mich zuweilen wie ein gewaltiges Flüchtlingscamp. Die Unterschiede zwischen Einheimischen und Kriegsflüchtlingen verschwammen zusehends, die Syrer assimilierten sich schnell, suchten sich Arbeit, beteiligten sich am Geschäftsleben.

Die UNO klärte jeweils vorab unsere Unterbringung. Natürlich darf man dort keinen Luxus erwarten, aber unser einfaches Hotel stand direkt an einer viel befahrenen Hauptstraße, und wenn das Zimmer zur Straße hin lag, war es fast unmöglich, Schlaf zu finden. Darum bat ich um ein anderes Zimmer. Prächtig, es hatte sogar drei Betten, vor allem lag das Fenster auf der Rückseite. Doch in den frühen Morgenstunden weckte mich vom gegenüberliegenden Dach lautes Gackern. Die Hühner waren bei Morgengrauen aufgestanden. Bei unseren folgenden Visiten in Gaziantep gewöhnte ich mich an die lebhaften Legehennen. Sie boten obendrein einen so friedlichen Anblick.

Eine Ärztegesellschaft mit syrisch-amerikanischem Ursprung hatte das Treffen angesetzt. »Unsere Situation ist verzweifelt«, sagte einer der Chirurgen. Die Region wurde von den Russen bombardiert. Zuletzt hatten die beiden Mediziner Verletzte in einem Flüchtlingslager auf der syrischen Seite betreut, in der Region Latakia, wo 60 000 Menschen ausharrten. Die Russen wollten die ISIS-Terroristen treffen, doch die Ärzte gerieten in ihren Notspitälern immer wieder in die Schusslinie. Ob gezielt oder irrtümlich, das konnten sie nicht mit Bestimmtheit sagen. Uns war bekannt, dass das Regime eine konzertierte Kampagne gegen Feldlazarette bei Latakia durchgeführt hatte. Zu den Opfern zählten mehrere Ärzte, Krankenschwestern und freiwillige Helfer. Auch den verheerenden Wirkungen der Fassbomben seien sie ausgesetzt, berichteten die Mediziner. »Die sanitären Anlagen sind schlicht katastrophal, es fehlt an Medikamenten, Trinkwasser – kurz: an allem.«

Die Annehmlichkeiten unseres Hotels vermochten sie nicht von ihrer Mission abzulenken. Sie wollten wissen, warum die UN nicht eingriffe. Sie wollten nicht verstehen, dass die Weltöffentlichkeit zusah, wie Syrien verblutete, und wir konnten ihnen die Gründe nicht begreiflich machen. Ihre Krankenhäuser in Aleppo existierten längst nicht mehr. »Am Ende konnten wir unsere Patienten nicht einmal mehr richtig ernähren«, sagten sie eindringlich. »Warum tut Europa nichts? Warum bleibt die EU untätig?« Ihnen zu erläutern, wie konzeptlos Brüssel auf die Syrienkrise reagierte, hätte wenig geholfen. Die Beziehung der EU mit der Arabischen Republik Syrien geht auf ein Kooperationsabkommen zu Handelsbeziehungen aus dem Jahr 1977 zurück. Sanktionen, die die EU gegen Assad verhängte, betreffen noch immer Warenlieferungen im Rahmen dieses Abkommens.

Der Handel ist vor allem bei Rohöl und Erdölerzeugnissen beschränkt, bei der Ausrüstung für die Öl- und Gasindustrie und den Kraftwerksbau sowie Luxusgütern und Edelmetallen. »Schickt uns Medikamente und humanitäre Hilfsgüter«, verlangten sie, ohne unhöflich zu werden. Die Schmerzmittel gingen zur Neige und an Fachpersonal fehlte es an allen Ecken und Enden. Viele ihrer Kollegen hatten den Einsatz mit dem Leben bezahlt oder ihr Land bereits verlassen. »Wir sehen nicht auf die Uniform«, versicherten sie uns, »wir nehmen Verletzte jeder Seite auf.«

Ich erhoffte mir vom Treffen vor allem Aufschluss über Verbrechen. Die Mediziner konnten uns wertvolle Angaben machen, weil sie die Patienten jeweils zum Hergang ihrer Verwundung befragten. Vor allem aber konnten sie uns über Einzelheiten zum Einsatz chemischer Waffen berichten. Detailliert beschrieben sie Symptome und Aussehen der Opfer des Giftgases Sarin, die Verfärbung der Haut und die Verätzung der Augen. Schon ein Milligramm des heimtückischen Gifts hinterlässt eine Spur der Zerstörung im menschlichen Körper. Die Überlebenschancen hängen von der Distanz zur Quelle des Gases ab, von der Wetterlage und wie luftdicht der Raum ist, in dem man sich gerade aufhält. Wer Sarin nur wenige Augenblicke selbst in einer Entfernung von mehreren hundert Metern ausgesetzt war, wies verengte Pupillen und Sehstörungen auf. Atemnot, Engegefühl in der Brust und verstärkter Speichelfluss deuteten auf Betroffene hin, die dem Gas auf 500 Meter nahekamen. Gerade noch eine 50-prozentige Überlebenschance hatten jene Menschen, bei denen Übelkeit, Erbrechen, Durchfall, Bewusstseinsstörungen und Krämpfe die Vergiftung anzeigten. Dem Tod geweiht waren praktisch alle, die am ganzen Körper unter starken

Krämpfen und Atemlähmung litten. Wer wie beim Bombenangriff den Keller aufsuchte, war verloren. Denn Sarin, einer der giftigsten Kampfstoffe, die je gegen Menschen eingesetzt wurden, sammelt sich am Boden. Zwei Stunden unterhielten wir uns, bis es nichts mehr zu sagen gab.

Dann brachen die beiden ehrbaren Männer wieder zu ihren Patienten auf, sie verließen die Sicherheit von Gaziantep und gingen dorthin, wo sie gerade am dringendsten gebraucht wurden. Ihre Selbstlosigkeit blieb mir lange in Erinnerung. Sie zogen mit leeren Händen ab. Alles, was wir ihnen versprechen konnten, war ein ehrlicher Bericht.

In diesem Krieg hatten sich beide Seiten schon mehrfach des Angriffs auf Spitäler und medizinisches Personal schuldig gemacht. Obwohl gerade diese Einrichtungen nach der Genfer Konvention von 1949 unter besonderem Schutz stehen. Gemäß Syriens eigener Verfassung ist die Regierung verpflichtet, die Gesundheit seiner Bürger zu schützen. Internationale Menschenrechte untersagen die Sperrung von Gesundheitseinrichtungen. Gezielte Angriffe auf Verwundete – insbesondere wenn die Einrichtung das Emblem des Roten Kreuzes trägt – sind ein Kriegsverbrechen.

Wir hatten diesem besonderen Übel bereits am 13. September 2013 einen vollen Report gewidmet. Es war nachgerade ein »Trend« geworden, Mediziner unter Beschuss zu nehmen. Ambulanzfahrer, Krankenschwestern, freiwillige Helfer – keiner wurde geschont. Von April bis Juni jenes Jahres rollte eine wahre Verhaftungswelle über das medizinische Personal hinweg. Denn das »Anti-Terrorismus-Gesetz«, von der syrischen Regierung am 2. Juli 2012 in Kraft gesetzt, stempelte Mediziner, die der Opposition beistehen, zu Kriminellen. Im Bab Sbaa Hospital in Homs, um nur ein Beispiel zu nennen, wurden wahre Razzien veranstaltet. Eine Krankenschwester sagte: »Irgendwann waren einfach im ganzen Spital keine Ärzte mehr.« Das »Anti-Terrorismus-Gesetz« steht im krassen Gegensatz zu internationalem humanitären Recht. Viele Ärzte hatten die von der ISIS kontrollierten Gebiete verlassen, darum waren in der Region nur noch wenige Frauenärzte präsent. Spezialisten für Frauenkrankheiten waren rar.

Die Liste der Verwundeten-Stationen, die zum Angriffsziel erklärt wurden, ist lang. Ich greife repräsentative Beispiele heraus. In Homs wurden drei Feldlazarette, die Verwundeten erste Hilfe leisteten, mehrmals von Artillerie beschossen. Ein Verletzter, der zur Behandlung im OP lag, erinnerte sich: »Die einzige Warnung war der Lärm, den das abgefeuerte Geschoss machte.« Das Lazarett verzichtete absichtlich auf humanitäre Embleme auf seinen Zelten – denn damit hätte es zu allem Unglück noch das Feuer der Regierungstruppen auf sich gelenkt. Nicht zum ersten Mal wurden Erinnerungen an den Kroatienkrieg wach: In Vukovar nahmen seinerzeit Bomberpiloten das Rote Kreuz, auf dem Dach eines Spitals gut sichtbar, bewusst ins Visier. Die Ausrede, damals in Kroatien wie jetzt in Syrien, blieb dieselbe: *In diesem Spital halten sich Feinde auf.*

Erneut wurde uns belegt, dass vor dem Kampfjetangriff Helikopter die Lage erkundet hatten – es konnte sich also kaum um fehlgelenkte Raketen handeln, die am 11. August 2012 das staatliche Hospital in Tafas trafen. Manche Patienten konnten noch evakuiert werden, andere kamen in den Trümmern um. Am 20. Juni 2013 warf ein Jet eine Bombe auf das staatliche Hospital von Ar-Raqqa, was zur totalen Zerstörung der Intensivabteilung führte. Am 11. September 2013 schoss ein Kampfjet eine

Rakete ins Feldlazarett von Al-Bab. Unter den 15 Toten waren der Doktor und fünf Pfleger. Davor hatte das Lazarett drei Mal den Standort gewechselt. Im Fall der Privatklinik Al Majana in Idlib blieb es nicht beim Raketenbeschuss: Am folgenden Tag, dem 29. August, stürmten Assad-Soldaten das Hospital, zerstörten Einrichtungen und klagten die Pfleger an, Aufständischen zu helfen. Ein Doktor erklärte:»Wenn Ärzte Angehörige der Opposition pflegen, dann zählt man sie automatisch zur Opposition.« Schrapnellwunden waren für Assads Truppen Beweis genug, dass ein Patient dem Aufstand angehöre.

Unsere Kommission hatte aufgrund übereinstimmender Berichte einen dringenden Verdacht. In bestimmten Fällen arbeitete das medizinische Personal mit den Nachrichtendiensten des Regimes zusammen. Unter deren Druck wurden Verletzte nicht wie Patienten behandelt, sondern als Gefangene unter Bewachung gestellt. Es hieß, im Militärhospital von Aleppo gebe es einen Flügel, kontrolliert vom militärischen Sicherheitsdienst, wo Patienten mit verbundenen Augen an ihre Betten gekettet würden. Immer wieder tauchte in Berichten die Nummer 601 auf, die das Militärkrankenhaus in Damaskus bezeichnete: Dort kooperierten Pfleger mit dem Regime, indem sie Patienten systematisch schlecht behandelten. Dass Ärzte im Militärkrankenhaus von Homs Menschen, die ihrer Pflege anvertraut waren, nur noch am Leben hielten, damit sie länger verhört werden konnten, rief mir die Gräueltaten der Nazis in Erinnerung.

Doch auch die behandelten Patienten wurden gezwungen, die eigenen Ärzte zu verraten. Selbst die Transporteure von Spitalbedarf waren ihres Lebens nicht sicher. Im August 2012 wurde an einem Checkpoint in Homs ein Ambulanzfahrer vom Nachrichtendienst in Gewahrsam genommen. Die Leiche, die zwei Wochen danach freigegeben wurde, wies fürchterliche Foltermale auf. Helfer des Roten Kreuzes waren sich bewusst, dass Scharfschützen regelrecht Jagd auf sie machten. Das international anerkannte Symbol der Humanität war in diesem unmenschlichen Konflikt selbst zur Zielscheibe geworden. Auch die Opposition attackierte ohne Pardon medizinische Einrichtungen. Am 11. November 2013 wurde bei einer Rot-Kreuz-Station in Ar-Raqqa eine Autobombe gezündet. Nur Tage darauf, in Damaskus, sprengte sich ein Selbstmordattentäter in der Lobby eines Spitals in die Luft. Gleichzeitig wurden neun Angehörige des medizinischen Personals von Aufständischen umgebracht.

Am 14. April 2012 übernahm die Farouk-Brigade in Homs die Kontrolle über das Spital, ohne auf Kranke und Kriegsversehrte Rücksicht zu nehmen. Regierungstruppen machten drei Tage darauf das Hospital praktisch dem Erdboden gleich.

Als wiederum die FSA im Mai 2013 den Angriffsbefehl auf das staatliche Krankenhaus in Daraa gab, weil sich 50 regierungstreue Patienten darin aufhalten sollten, protestierte keiner der Freiheitskämpfer gegen seine Order.

Das Krankenhaus in Daraa war am 22. März 2011 ohne eigenes Zutun zum Kriegsschauplatz geworden, als das Regime auf dem Dach Scharfschützen abstellte, von wo aus die al-Omari-Moschee eingesehen werden konnte. Die Präzisionsschützen beschossen Demonstranten – und feuerten zwei Monate lang auf Verwundete, die versuchten, das Hospital zu erreichen. Sicherheitskräfte besetzten das Haus, um sicherzustellen, dass einzig Assad-Soldaten Pflege erhielten. Ende Mai schließlich wurde das Gebäude zum Austragungsort des Kampfes seiner Besatzer gegen die anstürmenden Aufständischen.

Für ihren Eid, Menschen uneingeschränkt zu helfen, setzen Mediziner in Syrien ihr eigenes Leben aufs Spiel. Wie jene drei Ärzte, die im Juni 2012 im Al Zarzour Hospital von Aleppo vom Nachrichtendienst der Air Force inhaftiert wurden. Man fand ihre verbrannten Leichen drei Tage später. Oder jener britische Arzt, erst 26 Jahre alt, der im Mai 2013 nach einem Luftangriff in der Idlib-Provinz Verwundete bergen wollte – und den lauernden Regimeschützen direkt vor die Gewehre lief – eine perfide Taktik, um die medizinische Hilfe zu schwächen. Der Dauerbeschuss auf Daraa zwang die Mediziner 2013 letztlich unter Tage. Bis dahin hatten sie ihre Feldlazarette täglich umquartiert, um den vorgeschobenen Beobachtern der Artillerie kein Ziel zu bieten. Auch die beiden besagten Ärzte, die uns in Gaziantep aus erster Hand berichteten, hatten in sogenannten »Cave Hospitals« gearbeitet. Dieser Begriff war gebräuchlich für Keller, die zu Operationssälen umfunktioniert wurden. In Gaziantep traf ich eine weitere mutige Ärztin. Sie sammelte Dokumente, die Sexualverbrechen gegen Gefangene schriftlich nachwiesen. Viele junge Mädchen, die in Haftanstalten des Regimes vergewaltigt worden waren, machten bei ihr eine Aussage. Schlimm, dass einige, kaum dass sie in Freiheit waren, von der eigenen Familie – aufgrund ihrer »Schande« – verstoßen wurden. Die Ärztin behandelte die posttraumatischen Störungen dieser Zeuginnen psychologisch. Nach so einer Tortur keine Seltenheit.

Bei solchen Gesprächen machten sich unsere Dolmetscher schriftliche Notizen, allzu oft fürchteten unsere Zeugen die Tonbandaufnahme. Brachte ihre Zusammenarbeit mit der Kommission sie in Gefahr? Das lässt sich nicht mit Sicherheit sagen. Ich hatte nie schlüssige Beweise dafür, ob auch wir bei unseren Reisen entlang der syrischen Grenze unter Beobachtung standen. Der Betätigungsdrang des amerikanischen CIA oder des israelischen Mossad, die direkt in Syrien aktiv sind, und anderer Nachrichtendienste unterschiedlichster Couleur, war ja hinreichend bekannt. Die Menschen, die aus freien Stücken zu uns kamen, sollten frei sprechen können, der Verzicht der Tonbandaufnahme war für die Beweisführung kein Manko. Anschließend versuchte unser Genfer Office, den Kontakt aufrechtzuerhalten. Denn für eine spätere Anklage hätte man sie als Zeugen vor Gericht auftreten lassen. Zu vielen unserer Gesprächspartner brach der Kontakt ab. Menschen gingen in den Kriegswirren schlicht verloren.

Die Reisen in die Türkei verbanden wir mit Unterredungen mit Vertretern der moderaten Opposition. In Istanbul hatten die Regimegegner sich in einem Bürohaus installiert. Überraschend, wie minimalistisch die Sicherheitsvorkehrungen waren, unter anderem war der Stabschef der FSA, General Selim Idriss, ohne bewaffneten Schutz und wäre mit anderen hohen Funktionären der Koalition leichte Beute eines Bombenattentäters. Die Exil-Regierung hatte anfänglich vom Wohlwollen des türkischen Präsidenten profitiert. Recep Tayyip Erdoğan hatte die Position der Opposition stark unterstützt. Die Foreign Fighters hatte er quasi durchgewinkt, nur um Assad zu unterminieren.

Die Rolle der Türkei ist freilich die komplexeste aller beteiligten Parteien, schon aufgrund der gemeinsamen Geschichte mit Syrien. Bis 1920 waren beide dem Osmanischen Reich einverleibt, dem Vorläufer der heutigen Türkei. Darauf entwickelten sich ihre politischen Systeme weit voneinander weg: Syrien steht heute als Juniorpartner der Sowjets dem türkischen NATO-Mitglied gegenüber (die Türkei verfügt, nach den USA, über das zweitgrößte Heer innerhalb der NATO). Offiziell verlangt die Türkei die Bildung einer Übergangsregierung. Entlang seiner 900 Kilometer langen, befestigten Grenze leben beidseits Millionen, die durch Wirtschaft oder Verwandtschaft verbunden sind. In der Südtürkei leben eine halbe Million syrisch stämmiger Alawiten. Frankreich, die damalige Kolonialmacht in Syrien und im Libanon, hatte dieses Gebiet (heute die türkische Provinz Hatay) der Türkei übertragen. Größte ethnische Minderheit in Syrien sind freilich die drei Millionen Kurden. Ihre Siedlungsgebiete – auf Kurdisch »Rojava« genannt, Sonnenuntergang – wie auch die Regionen im Westkurdistan verlaufen entlang der türkischen Grenze. 1962 entzog der syrische Präsident 120 000 Kurden, angeblich Einwanderer aus Nachbarländern, die Staatsbürgerschaft. Als »Staatenlose« waren ihre Rechte in Syrien beschnitten. Die gezielte wirtschaftliche Vernachlässigung dieser Landstriche sollte die Kurden vertreiben. Baschars Vater Hafiz ließ schließlich sogar den öffentlichen Gebrauch der kurdischen Sprache unter Strafe stellen, kurdische Dörfer wurden schlichtweg umbenannt. Gleichzeitig waren die Kurden eine Spielkarte in Assads Hand gegen die Türkei. Ab 1980 beschützte er die Arbeiterpartei Kurdistans (PKK), da mit dem Nachbarn territoriale Streitigkeiten um Hatay vom Zaun gebrochen wurden. Der PKK-Vorsitzende Abdullah Öcalan genoss in Damaskus Gastrecht.

1998 drohte die Türkei offen mit Krieg. In einem neuen Abkommen mit Ankara erkannte Damaskus die PKK nun als Terrororganisation an. Unter der schützenden Hand der USA nutzten die Kurden das Ende von Saddam Hussein zur Bildung einer Autonomieregion im Nordirak. Zu Beginn der Rebellion beschlossen die Kurden, sich weder auf die Seite des Regimes noch auf die der Opposition zu schlagen. Stattdessen versuchten sie die demokratische Selbstverwaltung. Im Frühling 2012 dürfte Baschar al-Assad ein Stillhalteabkommen mit Syriens Kurden geschlossen haben, damit sie nicht aktiv in den Aufstand eingriffen. Dafür machte er Zugeständnisse, unter anderem wurden die 1962 ausgebürgerten Kurden mitsamt ihrer Nachfahren umgehend wieder eingebürgert. Bald nach Ausbruch des syrischen Aufstands kam es zu Grenzverletzungen durch türkisches Militär. Doch Erdoğan betreibt eine Bäumchen-wechsle-dich-Politik. Als Russland seine Interventionen begann, wechselte der türkische Präsident die Strategie. Er konnte sich eine offene Front gegen Assad nicht mehr leisten. Die Kurden wiederum werden von den Amerikanern unterstützt, weil sie ihnen in ihrem Gebiet den Kampf gegen den ISIS abnehmen. Zuletzt lobte die Türkei indirekt die Angriffe Assads auf die kurdischen Milizen. Die Türken schlossen nicht mehr aus, dass Assad Teil einer Übergangslösung sein könnte.

Am 26. Februar 2014 trafen wir in Ankara den türkischen Außenminister und sein Gefolge, neun Männer, die sich um die Syrienfrage kümmerten. Wie so oft hatten wir uns selbst eingeladen. Wir konnten die Türken zu ihren Flüchtlingscamps beglückwünschen. Nirgends hatten wir besser organisierte Lager gesehen. Sauber, aufgeräumt, mit robusten Containern anstelle von Zelten. Der Boden bestand nicht aus gestampfter Erde, die sich bei Regen in Schlamm verwandelt, sondern war mit Platten belegt, und Schulen hatten den Unterricht aufgenommen. Die Türken mussten unsere Freundlichkeit falsch verstanden haben. Sie versuchten sogleich, unseren kommenden Bericht mit Falschmeldungen zu manipulieren. Unter anderem stellten sie die unhaltbare Behauptung auf, das Regime habe Poliomyelitis gegen Zivilisten in Umlauf gebracht. In den Report sollten wir zudem aufnehmen, dass 40 ihrer Landsleute im Gefängnis von Aleppo saßen. Unsere Arbeitsethik sah nicht vor, unverifizierte Meldungen zu übernehmen. Jeder Vorfall musste durch verschiedene Quellen bestätigt sein. Generell fand die türkische Delegation unsere Berichte zu »schwach«, wir hätten für ihren Geschmack Assad stärker als Verbrecher herausstreichen sollen. Sie schworen uns richtiggehend auf türkische Ziele ein.

Um eine Gegenfrage zu stellen, erkundigte ich mich, warum die Türkei den radikalen Islamisten den Transfer durch ihr Land nicht untersage. Ein Delegierter antwortete allen Ernstes: »Wir können den Kriegstourismus nicht unterbinden, weil wir sonst auch den echten Tourismus unterbinden.« Es war beileibe nicht das erste Mal, das eine Interessengruppe versuchte, unser Gremium zu instrumentalisieren, um durch unseren Report den eigenen politischen Zielen näher zu kommen. Aber auf solch eklatante Weise war das selbst für uns neu.

Ausgebombt

Navi hatte meine Bitte, einen Russen zum Koordinator zu machen, unerfüllt gelassen und stattdessen einen Amerikaner ernannt: James Rodehaver. Er war in hochkarätigen Aufträgen für die UNO in Afghanistan tätig gewesen, verfügte aber nicht über Erfahrung als Ermittler. »Mein« Kandidat hingegen hatte den Bosnienkrieg in der russischen Botschaft durchgehalten und stand mir während des Jugoslawien-Tribunals tatkräftig zur Seite. Einmal mehr wunderte ich mich über »politische Entscheidungen«, die unserem Mandat nicht weiterhalfen. Wir führten nach wie vor die »Liste« mit den Namen von Kriegsverbrechern und deponierten jedes neue Dokument im Stahlsafe des UN-Hochkommissariats. Hohe Beamte pochten bereits darauf, wir sollten diese Personen öffentlich nennen. Worauf unsere Standardantwort war, wir würden die Kriegsverbrechernamen nur einem Gericht übergeben. Die »Liste« blieb unser wirksamstes Druckmittel. Wir dachten uns schon, dass die Schuldigen sich unwohl beim Gedanken fühlen mussten, dass ihr Name bei der UNO hinterlegt war.

Freilich machten die Täter in Syrien sich kaum die Mühe, ihre Identität geheim zu halten. Insbesondere die Terroreinheiten standen nicht nur freimütig zu ihren Taten, sie rühmten sich ihrer ja sogar, stellten eigenhändig die Videobeweise ins Internet. Die Opposition, die sich anfänglich noch gesprächsbereit gezeigt hatte, wurde zunehmend radikalisiert. Mit Abscheu ver-

– 82 –

folgte ich die Taten der Terroristen und sah mich bestärkt darin, dass sich durchaus auch die Seite der Assad-Gegner schwerer Verbrechen schuldig machte. Doch erst am 27. März 2014 rang UN-Generalsekretär Ban Ki-moon sich dazu durch, die Opposition zu kritisieren.

Zu Beginn des bewaffneten Widerstands, im Sommer 2011, setzte sich die Freie Syrische Armee (FSA) noch aus Deserteuren der Assad-Armee zusammen. Die FSA vereinte lokale bewaffnete Trupps unter einem Oberkommando. Diesem unterstanden nach eigenen Angaben 40 000 Mann. Aus der FSA bildeten sich alsbald die radikalen Gruppen heraus: Hinter der Syrischen Islamischen Befreiungsfront (SILF) stehen verschiedene Dschihadistengruppen mit geschätzten 25 000 Mann. Die Syrische Islamische Front (SIF) verfügte für diesen »Heiligen Krieg« über einen Bestand von 25 000 Kombattanten, 10 000 davon gehörten der »Islamischen Bewegung der freien Männer Syriens« an. Die SIF wurde von Radikalen in den Golfstaaten finanziell unterstützt, damit sie sich einen islamischen Staat erkämpften.

Die Al-Nusra-Front, die »Unterstützungsfront für das syrische Volk«, ist der syrische Bruder der Al Kaida. Die Extremisten sollten nach Einschätzungen der Nachrichtendienste 5000 Mann unter Waffen haben. Die Al Nusra galt als schlagkräftigste Gruppierung auf dem syrischen Kriegsschauplatz. Schließlich die gefürchtete Terrormiliz ISIS, der »Islamische Staat«: Sie kristallisierte sich durch ihre Grausamkeiten ab Mitte 2013 heraus und trachtete allen Nichtgläubigen nach dem Leben. Selbst mit der FSA trug sie parallel einen Kleinkrieg aus. Ihre Schlagkraft wurde auf 6000 Islamisten geschätzt, die aus aller Herren Länder nach Syrien strömten, um den Kampf für den Islam aufzunehmen. Am 29. Juni 2014 riefen die Terroristen ihr Kalifat aus, mit dem Anspruch, den Nachfolger Mohammeds als Oberhaupt aller Muslime einzusetzen. Der Großmufti Saudi-Arabiens setzte die ISIS zusammen mit Al Kaida zuoberst auf die Liste der Feinde des Islams. Unter allen Gegnern, die Assad gegenübertraten, stellte die ISIS seine erbittertsten Todfeinde dar.

Zur selben Zeit wie die FSA entstand der Syrische Nationalrat (SNR), der die verschiedenen Oppositionsparteien unter einem Dach vereinte. Als größte und einflussreichste Gruppe der Regierungsgegner galt die 2012 in Katar gegründete Syrische Nationale Koalition. Sie stellte in Istanbul die Exilregierung, anerkannt von den Großmächten als »legitime Vertretung des syrischen Volkes«. Die Muslimbrüder übten großen Einfluss in der Koalition aus. Sie waren aber innerhalb kürzester Zeit so zerstritten, dass die Übergangspräsidenten sich die Klinke in die Hand gaben. Wer wiederum der nächste Präsident Syriens werden sollte, wurde zweifellos von jenen politischen Mächten mitgesteuert, die im künftigen Syrien eine Rolle spielen wollten.

Es waren vor allem junge Syrer, die sich über die sozialen Medien organisierten und die Außenwelt über Facebook wissen ließen, wie es um ihre Heimat stand. Ihre Bewegung fand im LCC (Local Coordination Comittee) zusammen. Die SRGC (Syrian Revolution General Commission, die Generalkommission der Syrischen Revolution), ursprünglich am 18. August 2011 aus mehr als 40 Oppositionsgruppen zusammengesetzt, hatte der Koalition im Juni 2013 den Rücken gekehrt.

Die SYRCU (Syrian Revolution Coordinators Union) war ein Gebilde aus 216 Ortsgruppen, die den zivilen Ungehorsam probten. Sie verfolgten das Ziel, Syrien auf demokratischem Weg vom Totalitarismus zu befreien. Das SCLSR (Supreme Council for the Leadership of the Syrian Revolution) bezeichnete ein wichtiges Netzwerk der Regimegegner. Bei ihm fand der bewaffnete Aufstand logistische und finanzielle Unterstützung. In Damaskus saß der Oppositionsblock des NCC (National Coordination Body, das Nationale Koordinierungskomitee für Demokratischen Wandel), eine Zusammensetzung von zehn linksgerichteten politischen, drei kurdischen Parteien sowie politischen Aktivisten. Der NCC war das einzige Bündnis, das Verhandlungsbereitschaft mit Assad zeigte. Es glaubte an die Beilegung der Krise durch den Dialog und unterstellte dem Nationalrat, von westlichen Staaten beeinflusst zu sein. Der kurdische Nationalrat wiederum, der im irakischen Erbil tagte, war der Zusammenschluss von 15 kurdischen Parteien. Diese Auflistung der Oppositionsgruppen mit ihren voneinander abweichenden politischen Zielen, den diversen religiösen Ausprägungen und unterschiedlichen strategischen Mitteln ist noch nicht einmal abschließend.

Ich beharrte darauf, dass wir auch die Vergehen der ISIS, der Al-Nusra-Front und anderer radikaler Dschihadistengruppen untersuchen müssten. Paulo ließ Rodehaver und seinem Chief of Investigation weitgehend freie Hand in den Ermittlungen. Es erleichterte unsere Arbeit nicht, dass die Mitarbeiter, die uns zugeteilt waren, zu anderen UN-Missionen abgezogen wurden, kaum dass sie eingearbeitet waren. Unsere Ermittler mussten der arabischen Sprache mächtig sein und waren im besten Fall in der Region aufgewachsen – solche fähigen Mitstreiter sind schwer zu finden. Dass wir in Personalfragen übergangen wurden, nährte nur meine Hypothese, dass unser Gremium innerhalb der UNO keine besondere Rolle spielte. Eine Mitarbeiterin, deren Name ungenannt bleiben soll, war für diesen Job so ungeeignet, dass selbst Paulo sie auswechseln wollte. Rodehaver hingegen wollte sie aus persönlichen Gründen behalten. Es war unmöglich, sie »wegzubefördern«. Nach einiger Zeit ging sie aus freien Stücken.

Wir beschränkten uns weiterhin darauf, die »Crime Base« zu ermitteln und hatten bereits mehrere Berichte dem UNHRC abgegeben. Für mein Empfinden begannen sie sich zu wiederholen. Man konnte es schon als bittere Ironie verstehen, dass jeweils auf dem Deckblatt des Reports unten rechts der Aufdruck »Please recycle« angebracht war. Die anderen Kommissäre blieben von der Wichtigkeit unserer Aufgabe vollauf überzeugt. Sie waren offenbar mit unendlicher Geduld gesegnet. Ich hingegen hörte mich immer häufiger sagen: »Wir sind bloß noch die Alibi-Übung der internationalen Gemeinschaft.« Eine solche Kritik war in diesen Gremien nicht gern gehört. Vor allem nicht, wenn ich sie in Pressekonferenzen in Mikrofone sprach. Paulo versuchte vergeblich, mich davon abzuhalten, vor den Medien meine eigene Meinung zu vertreten. Nahm man die Mahnungen und Meldungen unseres Gremiums überhaupt ernst? In der Satiresendung *Giacobbo/Müller* des Schweizer Fernsehens wurde Carla Del Ponte als Figur parodiert: eine sauertöpfische Person, die in Lampenschirme spricht (wo sich die Mikrofone der Geheimdienste verbargen) und die jeden Besucher zuerst auf Waffen abtastet. Diese Carla Del Ponte machte mir viel Freude – sie schien jedenfalls zu wissen, was sie tat!

Als diese Parodie gesendet wurde, brach die »echte« Carla Del Ponte in den Libanon auf. Vor Ort waren Kontakte mit den Beiruter Behörden nicht möglich, die Regierung wollte offiziell nichts mit uns zu tun haben. Inoffiziell war ihr Botschafter ein überaus hilfreicher Gentleman. Unter der Hand entwickelte sich eine positive Zusammenarbeit. Unsere UN-Kontakte im Einzugsgebiet und einige NGO-Vertreter hatten ein Treffen mit

– 86 –

Augenzeugen arrangiert. Dazu mussten wir uns allerdings in eine Hochebene im Libanon begeben, das Bekaa-Tal. Man rüstete uns mit einem Panzerwagen aus und drückte jedem Einzelnen eine Splitterweste in die Hand. Ich fand diese Sicherheitsmaßnahme zwar nicht übertrieben, lehnte die Weste aber dennoch ab. »Ich bin doch nicht so weit gekommen, um nun auf diese Weise draufzugehen«, gab ich unserer Mannschaft so sorglos wie möglich zu verstehen. Unsere amerikanische Kommissionärin stellte ihre Teilnahme infrage, weil der Panzerwagen keine Sicherheitsgurte besaß. Schließlich gelang es unserem Begleittrupp, die UN-Kommission doch noch vollständig in ihr Fahrzeug zu bekommen, und wir ließen das »Paris des Nahen Ostens« hinter uns.

Durch die Schlitze in den Panzerplatten sah ich die verschneite Bekaa-Ebene vorbeiziehen. Nach drei Stunden holperiger Fahrt erreichten wir eine Siedlung, wo sich syrische Flüchtlinge niedergelassen hatten und in Zelten überwinterten. Aus rohen Brettern hatten sie für ihre 20 Kinder eine unbeheizte Schule zusammengezimmert. Nicht einmal Schreibzeug besaßen die Schüler, doch die Courage ihrer Lehrerin berührte uns. Schnell sammelten wir für die brave Lehrerin aus unseren privaten Portemonnaies 1000 Dollar. Der Panzerwagen fuhr wieder an der syrischen Grenze entlang und aus der Distanz war Kampflärm zu hören. Da waren uns die Splitterschutzwesten plötzlich nicht mehr so unangenehm. Eine gelegentliche Erinnerung an die eigene Sterblichkeit, ein memento mori, war durchaus dazu geeignet, die Aussagen der Zeugen mit mehr Verständnis einordnen zu können.

In unserem Bericht vom 16. September 2014 schilderten wir die Geschichte einer Mutter. Sie hatte bei einem Bombardement zwar ihr eigenes Leben und das ihres einjährigen Sohns retten können. Aber in den Trümmern ihres Hauses hatte sie ihren Mann und dessen ganze Familie verloren. Zwei ältere Nachbarn boten ihr Unterkunft an. Die Mutter war in einem Zustand der völligen Auflösung; ihr Söhnchen schrie ohne Unterlass. Sie hatte kein Geld für Windeln oder Babynahrung. Nach zwei Wochen sahen die Nachbarn sich gezwungen, sie zum Gehen aufzufordern, da ihnen selbst die Mittel ausgingen. Die Frau fand Unterschlupf bei ihrem Bruder in Aleppo. Doch als Arbeitsloser, der selbst sechs Kinder zu ernähren hatte, konnte er sich die Gastfreundschaft ebenfalls nicht unbeschränkt lange leisten. Da schloss die Frau sich mit ihrem Kind dem Flüchtlingsstrom nach dem Libanon an. Sie bettelte in Beirut nach Arbeit, doch da sie erneut schwanger war, bot ihr niemand eine Stellung an. Im Spital teilte man ihr kaltherzig mit, die Geburtshilfe werde sie 250 Dollar kosten. Zum Zeitpunkt unseres Berichts hatte sie 100 Dollar beisammen. »Alles, was ich tun kann, ist weinen und auf Gott zu vertrauen.«

Im Libanon gibt es offiziell keine »Flüchtlingslager«. Natürlich gibt es inoffiziell unzählige Flüchtlinge, die sich über die Berge in seine Grenzdörfer retten. Die Fahrt unseres gepanzerten Wagens kam zu einem Halt in einer Siedlung, wo viele Familien in der Kälte auf dem Dorfplatz auf uns warteten. Offenbar war die Nachricht, eine UNO-Kommission werde kommen, uns vorausgeeilt. Wir teilten uns in Gruppen auf, damit wir mit möglichst vielen Augenzeugen sprechen konnten. Vitit und ich trafen auf eine Familie mit zwei Kleinkindern. Sie waren einem Bombardement entkommen. Jetzt fehlten die Mittel für die weitere Flucht. Dem von den Erlebnissen traumatisierten Mädchen waren sämtliche Haare ausgefallen. Es hatte seit Tagen keinen

Schlaf gefunden. Zum beruhigenden Klang unserer gedämpften Stimmen schlief die Kleine in den Armen der Mutter endlich ein. Sie hatten in einer Garage Unterkunft gefunden, es roch beißend nach Benzin. Ich bat den Bürgermeister inständig, hier Abhilfe zu schaffen. Vitit und ich klaubten das letzte Geld aus unseren Taschen, hätten es von Herzen gern gegeben. Die Eltern aber machten eine höfliche, ablehnende Geste. Noch war ihr Stolz ungebrochen. Man muss verstehen, dass nicht alle Menschen, die zu Flüchtlingen wurden, an Almosen gewohnt waren. Menschen im Westen hatten vielfach die falsche Vorstellung von Syrien als einem Drittweltland. Zum Zeitpunkt der ersten kriegerischen Auseinandersetzungen lebte ein Drittel der Syrer am Rand der Armutsgrenze oder darunter. Die lange Dürre hatte für eine Stadtflucht gesorgt. Vor Ausbruch der Kämpfe war jeder 5. Jugendliche und junge Familienvater ohne Arbeit. Und doch hatte auch Syrien eine florierende Wirtschaft und Gewerbetreibende hatten ihr Auskommen. Für diese Familie aus dem Mittelstand war Armut ein neuer Zustand. Erst als wir insistierten, unsere Gabe sei für die Kinder, nahmen sie sie an.

Der Panzerwagen brachte uns durchs verschneite Grenzgebiet sicher ans östliche Mittelmeer zurück, die Splitterwesten ebenso unversehrt wie wir selbst. Nach einigen Tagen der kulinarischen Entbehrungen folgten wir Paulo gern in ein schickes Beiruter Restaurant. Mir wäre mit einem einfachen Risotto schon gedient gewesen, aber dass Männer eine lange Strecke auf sich nehmen, nur um sich ein besonderes Menü servieren zu lassen, kannte ich ja noch von meinen Exmännern. Paulo war ein Connaisseur der orientalischen Kost. Doch obwohl es sich um eine renommierte Adresse handelte, saßen wir allein im Restaurant. Die Straßen waren wie leergefegt. Überall patrouillierte be-

– 89 –

waffnetes Militär, und der US-Botschafter setzte keinen Fuß mehr vor seine Residenz. In unserer Abwesenheit hatten Anschläge stattgefunden.

Acht Monate später besuchten wir die Siedlung mit der unerschütterlichen Lehrerin erneut. Dieses Mal brauchte ich nicht meine Hosentaschen umzukehren, um ein bisschen Geld zu verteilen, dieses Mal brachte ich Schweizer Kapital mit. Ich spendete einen Geldpreis – ich hatte ihn als Anerkennung für die Arbeit in Den Haag erhalten – einer NGO für Kinderhilfe im Libanon. Allerdings sollte sich die Situation für die Flüchtlinge in der Bekaa-Ebene bald noch verschlechtern. Bis 2014 hatten die Vereinten Nationen im Libanon über 1,1 Millionen syrischer Flüchtlinge registriert, und Schätzungen zufolge lebte eine weitere Million Syrer unregistriert im Land – eine große Herausforderung für einen Staat mit vier Millionen Einwohnern, der die Genfer Flüchtlingskonvention von 1951 nie unterzeichnet hat. Das Land hat pro Kopf mehr Menschen aufgenommen als jeder seiner Nachbarstaaten. Doch 2015, als der Zedernstaat die Grundversorgung seiner Bürger nicht mehr sicherstellen konnte, entzog er dem UNO-Hilfswerk die Erlaubnis weiterer Registrierungen und schloss seine Grenzen.

Vertrieben aus dem Land
der Gottlosen

Erbeutete Waffen, auf dem Schlachtfeld zurückgelassen oder den Toten abgenommen, trugen die Namen führender Waffenproduzenten. In der Rüstungsindustrie galt es als Gütesiegel, wenn eine Technik sich in Syrien erfolgreich bewiesen hatte. Die anhaltenden Konflikte im Nahen Osten brachten den Waffenhändlern erkleckliche Summen ein. Mit Lieferungen von Kriegsgerät betrieben die Regierungen in ihrem Stellvertreterkrieg die Unterstützung ihrer jeweiligen Champions, wobei sie sich gleichzeitig die Taschen füllten. Insbesondere Gelder von Stiftungen und Privaten aus Saudi Arabien und Katar finanzierten die Waffenkäufe der Radikalen. Für uns waren die Narben an den Körpern der Opfer ebenso aufschlussreich wie die eingestanzten Seriennummern in den Gewehren. Oder die Splitter, die die Ärzte aus den Leibern operierten. Denn unkonventionelle – also verbotene – Waffen hinterließen für die Ermittler deutliche Spuren. Die meisten verwundeten Zivilisten wiesen Fußverletzungen auf, viele humpelten auf Krücken durch die Korridore der Spitäler. Selbst erfahrene Chirurgen konnten in Notlazaretten keine komplizierten Operationen ausführen. Oft blieb nur die Amputation. Und wenn sich die Wunde entzündete, wurde weiter amputiert. Die Ärzte versuchten, Leben zu retten, nicht Arme oder Beine. Das Bild, das sich mir bei Besuchen in Camps oder Notspitälern am stärksten einprägte, war das von Menschen mit fehlenden Gliedmaßen.

Ich erinnere mich an ein Kind, vielleicht 12-jährig, es trug einen dicken Verband um den Kopf. Es war guter Laune, lief im Spital neben uns her, und wenn ein Pressefotograf knipste, schaffte es der Kleine, irgendwie mit auf dem Bild zu sein. Der Junge sei als hoffnungsloser Fall eingeliefert worden, vertraute sein Arzt uns an – nicht zu retten. Sein Gehirn war verletzt worden. »Wir operierten trotzdem«, sagte der Arzt, »und manchmal geschehen noch Wunder.« Sie konnten dem Jungen das Leben retten, obwohl seine Verwundung ihn sein Leben lang beeinträchtigen wird. Lichtblicke in dunklen Kriegstagen für Ärzte, die ansonsten schon das fachmännische Abtrennen eines verletzten Glieds als Erfolg werten müssen. Sofern der Patient die Prozedur überlebt.

Ich bin keine Fotografin, und die Szenen, die sich mir boten, sind nicht für Aufnahmen geeignet, die man später in einem Fotoalbum zur Erinnerung betrachtet. Den Pressefotografen geht es nicht um Ästhetik, sie dokumentieren die Geschehnisse. Äußerlich ungerührt, immer professionell, bilden sie die Realität des Krieges ab. Einmal aber spielte ein solches Foto auch für mich eine große Rolle. Einer meiner Freunde war ein Arzt, der oft humanitäre Hilfe in Krisengebieten leistete. Er sah im *Corriere della Sera* einen Schnappschuss abgebildet, der ihn tief berührte. Und er bat mich: »Kannst du diese Familie ausfindig machen?« Das Pressebild zeigte einen Vater, der seinen Tränen freien Lauf ließ, er saß da, weinte einfach vor sich hin – da streichelte ihm ein Kind tröstend über die feuchten Wangen. Das Foto hielt diesen Augenblick von Trauer und gleichzeitiger Hoffnung fest. Dieses Bild ließ den italienischen Arzt nicht mehr los. Er hatte sich fest vorgenommen, dieser Familie in ihrem Kummer unter die Arme zu greifen. Seine Suche war bisher erfolglos geblieben.»Du bist in dieser Kommission, du hast doch die richtigen Kanäle!«, drang er in mich. Das Foto war unser einziger Anhaltspunkt. Wir fanden heraus, dass es in Griechenland aufgenommen worden war, in einem der Flüchtlingslager, für das die Griechen sich zu Recht schämten. Ich trug eine Kopie des Bildes bei mir, hielt sie jedem NGO-Vertreter, bei dem wir vorbeikamen, unter die Nase und bemühte die Administrationen, bat Helfer, ihre Karteien durchzusehen. Die Suche nach der berühmten Nadel im Heuhaufen. Leider musste ich meinem Freund mitteilen, dass niemand wusste, wo die Menschen auf diesem Foto geblieben waren. Schließlich gab er seine Suche auf.

Ich weiß, was Sie jetzt denken: Diese Kommissärin sollte sich auf ihre Arbeit konzentrieren. Da haben Sie nicht unrecht. Das »große Ganze«, das muss man im Blick behalten. Aber manchmal ist es schwer, mit Scheuklappen durch ein Flüchtlingslager zu gehen. Wenn jemand wie ich eine solche Anfrage auf höchster Stufe lancieren, dennoch einen Menschen nicht mehr ausfindig machen kann – welche Chance haben dann die Angehörigen, in diesem wahnwitzigen Krieg ein verloren gegangenes Familienmitglied wiederzufinden?

Kann man anhand dieser Bilder so verzagen, um den Glauben an Gott zu verlieren? Das wurde ich oft gefragt, und ich stellte mir die Frage bei besonders abscheulichen Verbrechen selbst. Im Alter von 11 Jahren hatten meine Eltern mich im Internat des römisch-katholischen Klosters von Bellinzona eingeschrieben. Die Nonnen des Mädcheninternats versuchten, mir den Gottesglauben einzuimpfen. Was sie wohl zu solchen Bildern sagen würden? Nein, um die Frage zu beantworten, nein, den Glauben an Gott habe ich nicht verloren. Nicht in Jugoslawien, nicht in Ruanda und auch nicht in Syrien. Man verliert nicht den Glauben an Gott, sondern an die Menschheit. Es waren ausgerechnet die Religionen, die in diesem Land die Triebfeder des Hasses waren und sind. Der Nationalstaat Syrien ist reich an religiösen Volksgruppen und Ethnien. Geschätzte 90 Prozent der Bevölkerung machen die ethnischen Araber aus. Die verbleibenden rund 10 Prozent setzen sich aus Kurden und Armeniern zusammen. Daneben gibt es die Tscherkessen sowie aramäische, assyrische und turkmenische Volksgruppen. Nach syrischem Gesetz wären sich die Religionen gleichgestellt. Seit der Verfassungsänderung von 1973 war der Islam zwar nicht mehr Staatsreligion, aber das Volk wehrte sich vehement gegen die Einführung einer laizistischen Staatsform. Festgelegt wurde auf Drängen der Sunniten, der Staatspräsident müsse Muslim sein. Zum sunnitischen Islam zählten etwa drei Viertel der 22 Millionen Einwohner. In dieser multireligiösen Gesellschaft machten die Christen noch 10 Prozent aus (sie waren vor 100 Jahren noch drei Mal so viele). Die Christen teilen sich wiederum in eine Vielzahl von Konfessionen auf.

Die religiöse Gruppierung der Alawiten hatte ihren Ursprung im Irak und zählte nun zum schiitischen Spektrum des Islams. Die Alawiten rechnen sich zu den Islamgläubigen (geistige Führer der Sunniten und Schiiten haben ihnen dies immer wieder abgesprochen). Baschar al-Assad ist ein Alawite. Und das Regime, faktisch eine Militärdiktatur, wird von der konfessionellen Minderheit der Alawiten angeführt. Es waren alawitische Militäreinheiten, die den Aufstand der sunnitischen Muslimbrüder 1982 in Hama blutig niederschlugen. Als die Arabisch-Sozialistische Baath-Partei 1963 durch einen Militärputsch an die Macht kam und Baschars Vater Hafiz al-Assad an die Spitze des Staats trat, da sollte vom Aufschwung besonders die Alawitengemeinde profitieren (die abgespaltene Baath-Partei im Irak wurde von Saddam Hussein geführt). Vier Jahrzehnte lang wurden die Alawiten von den Assads privilegiert. Die Alawiten – sie gelten bis heute als Geheimreligion – glauben an die Seelenwanderung: Die Seelen der Ungläubigen werden in Tieren wiedergeboren, Gläubige hingegen gehen ins Licht. Die Verfassung der Republik sicherte ihren Bürgern fundamentale Menschenrechte zu (Recht auf Meinungsfreiheit, Gleichheit vor dem Recht, das Recht auf Versammlungen). Gleichzeitig räumte Artikel 8 der Baath-Partei die Führungsrolle ein.

Der lang geschürte Hass auf Andersgläubige trug in diesem Bürgerkrieg blutige Früchte. Hier einige in unseren Berichten dokumentierte Beispiele von religiös motivierten Gewaltausbrüchen: Am 16. August 2014 attackierten Al-Nusra-Mitglieder eine Drusen-Familie. Sie brachten drei Männer um und schrien den anderen zu:»Ihr seid *kuffar* (Ungläubige), ihr seid Schweine! Wir werden euch töten!«

Ein Mann aus Homs beschrieb uns die verheerende Wirkung von Autobomben, zu der sich die Al-Nusra-Front stolz bekannt hatte. Sie detonierten am 9. April 2014 im Abstand von 20 Minuten. Die erste ging in der Nähe eines Supermarkts hoch. Wie viele andere Nachbarn war unser Zeuge zur Stelle, um erste Hilfe zu leisten, das entstandene Feuer zu bekämpfen. Der Horror setzte den Helfern zu.»Hände, Beine, Köpfe, das Schlimmste, was ich in meinem Leben gesehen habe.« Dabei habe es überhaupt keine Militärpräsenz im Quartier gegeben,»nicht einmal eine Straßensperre«. Als die zweite Autobombe explodierte, tötete sie vor allem die Helfenden. Am darauffolgenden Tag zog ein Trauerzug durch den Ort, als drei Mörsergranaten heranflogen und zahlreiche Trauernde der Prozession töteten (abgefeuert aus der Altstadt von Homs, wo die letzte Oppositionsgruppe sich verschanzt hatte).

Zwischen September und Oktober 2013 griff die ISIS drei christliche Kirchen in Ar-Raqqa an. Christliche Stätten wurden von der Terrormiliz immer wieder gezielt unter Feuer genommen. Am 24. Februar 2014 veröffentlichte die ISIS ein Statement an die Christen, die die Region Ar-Raqqa verlassen hatten: Die Konvertierung zum Islam und eine Steuer wären die Bedingungen für ihre Rückkehr.

Auf Assads Seite ging dessen berüchtigte Schabiha-Miliz mit besonderer Grausamkeit vor. Am 3. Oktober 2012 zerrten Mitglieder der irregulären Truppe einen Verdächtigen aus seinem Haus in Homs. Kurz darauf hörte seine Frau draußen Schüsse. Sie fand ihren Mann mit dem Gesicht nach unten, in seinem Blut liegend. Selbst reguläre Truppen reagierten ablehnend auf die Lynchjustiz der Schabiha, konnten den Milizen jedoch nicht Einhalt gebieten. Am 28. Oktober desselben Jahres drangen Soldaten der 4. Air Force Division in Al-Musayfrah ein. Alle männlichen Mitglieder einer Familie wurden an Stühle gefesselt. Als die Uniformierten keine Hinweise auf die vermuteten Oppositionellen finden konnten, schlugen sie den Vater: »Wo sind die Terroristen?!« Unser Augenzeuge berichtete wörtlich: »Sie schnitten meinem Vater zwei Finger ab und schlitzten ihm die Handgelenke auf. Schließlich erschossen sie ihn.« In ihrem Blutrausch töteten die Soldaten seine Brüder. Sie benutzten dazu ihre Messer. Er selbst verlor beim Verhör das Bewusstsein. Dass man ihn für tot hielt, dürfte ihm das Leben gerettet haben.

Immer wieder kam es zu Todesurteilen durch Scharia-Gerichte, die islamisches Recht sprachen, wie am 7. Oktober 2013, während eines Angriffs auf einen Checkpoint der Regierung in

Idlib: die FSA-Brigade Al-Saiqa nahm einen Soldaten aus Assads Armee gefangen. Sie rief ein Scharia-Gericht an. Das Urteil erging, den Soldaten hinzurichten, mit der Begründung:»Wer sich ergibt, wenn er gefangen wird, soll sterben.«

Ein FSA-Kämpfer in Latakia hatte uns gegenüber zugegeben, Teil einer Brigade zu sein, die im Juli 2012 fünf Alawiten auf der Straße nach Al-Haffa gefangen hatten. Die fünf Uniformierten hatten sich ergeben und gaben zu, Zivilisten in Al-Haffa vergewaltigt und getötet zu haben. Daraufhin entschied die FSA, ihre Gefangenen standrechtlich zu erschießen – mit einem Unterschied:»Die sunnitischen Gefangenen behalten, die Alawiten exekutieren.«

Der syrische Botschafter fand es empörend, dass wir solchen Schilderungen von Tötungen aus religiösen Gründen Glauben schenkten.»Viele Religionen, Glaubensrichtungen und Rassen koexistierten in Syrien seit Tausenden von Jahren«, belehrte Faysal Khabbaz Hamoui uns über seine Heimat, die ein einzigartiges Beispiel für das Recht auf Religionsfreiheit sei. Zudem fand er die Behauptung der Kommission »bedauerlich«, Beweise direkt von»Opfern« erhalten zu haben. Die Berichte seien voller nicht verifizierter Beschreibungen. Die Kommission, so kritisierte er, baue auf Informationen, die von Ländern stammen, die selbst direkt in die Krise involviert seien und eigene politische Interessen verfolgten. Mit anderen Worten: Wir sollten besser vor unserer eigenen Tür kehren. Was die Flüchtlingsfrage angeht, hatte Hamoui ja nicht unbedingt unrecht.

Ich weiß, dass ich mit vielen Schweizerinnen und Schweizern nicht übereinstimme, wenn ich sage: Die meisten der syrischen Flüchtlinge können den Tag kaum erwarten, an dem sie in ihre Heimat zurückkehren. Sie haben sich nicht in fremde Länder geflüchtet, um uns hierzulande unsere Aushilfsjobs wegzunehmen. Ihre Wurzeln liegen in der Heimat, und persönlich fand ich mich in Gesprächen immer wieder bestätigt, dass Syrer nach Syrien wollen – und nirgendwo anders hin. Ich durfte während meiner Zeit in der UNO-Kommission viele gute Menschen kennenlernen, Intellektuelle wie Ungebildete, Handwerker wie Akademiker. Der Krieg hat sie alle gleich gemacht. Um sich eine neue Existenz aufzubauen, müssen sie Jobs annehmen, die Einheimische nicht haben wollen.

Wir alle haben das Foto des ertrunkenen Kindes gesehen, das am Strand angeschwemmt wurde. Bis heute verstehe ich nicht, warum es der Staatengemeinschaft nicht möglich war, die syrischen Flüchtlinge an ihren Grenzen abzuholen, einzusammeln und auf die EU-Mitgliedsstaaten zu verteilen. Doch statt sich der riesigen Logistik zu bedienen, die zur Verfügung stehen würde, errichteten wir Mauern. Das ist eine große Schande. Die EU hätte zupackender helfen müssen. Die UNO nehme ich von dieser Kritik nicht aus. Ich habe meine Meinung dazu in Genf mehr als einmal gesagt. Man spricht von Kontingenten, wo es doch um Menschen geht, und die Migrationspolitik dient der politischen Profilierung. Bin ich wütend? Aber nein. Ich rede mich bei diesem Thema nur gern etwas in Rage.

Leben unter der schwarzen Fahne

Eines habe ich auf den Reisen mit der Kommission und in den Gesprächen mit Augenzeugen immer wieder festgestellt: Die Opfer verlangten die Aufklärung der Taten und die gerechte Bestrafung jener, die sie vertrieben, verstümmelt und traumatisiert hatten. Verwundete berichteten uns von den heimtückischen Scharfschützen, die sie aus ihren Verstecken aufs Korn nahmen, bei ganz alltäglichen Begebenheiten, etwa wenn sie aus dem Haus gingen, um Brot zu kaufen. Jemand berichtete uns, wie er, von der Kugel getroffen, noch in Sicherheit zurückkriechen konnte. Hatte der Schütze ihn nur verwunden wollen? Oder hatte er an diesem Tag einfach schlecht gezielt? Der Angeschossene selbst wird es nie erfahren, sooft er auch über diesen schicksalshaften Tag nachsinnt.

Als Zuhörerin reagierte ich mitunter aufgewühlt, wenn es sich bei den Verletzten um Kinder handelte. Aber Wut auf die Attentäter hilft einer Untersuchung nicht. Wir mussten klar denken, rational handeln. In diesem Wahnsinn kamen als Täter ja oft beide Seiten infrage. Oder eine Drittpartei. Dennoch kann ich versichern: Auch wer von einem »unpersönlichen« Granatsplitter verletzt wurde oder wer seine Liebsten in den Trümmern eines ausgebombten Hauses zurücklassen musste, ist sehr wohl am Tathergang interessiert. Oft genug hat man uns gesagt: *Stellt sie vor Gericht!* Diese Kriegsversehrten haben keine naive Vorstellung von Justiz. Natürlich ist ihnen klar, dass Kriegsverbre-

– 99 –

chen meist ungesühnt bleiben. Die Täter verstecken sich hinter ihrer Uniform, hinter ihren Befehlen, und die Toten in ihren Massengräbern werden nicht auferstehen, um gegen sie auszusagen. Werden die Opfer irgendwann Gerechtigkeit erfahren? Die Hoffnung, wie das alte Sprichwort sagt, stirbt zuletzt. Daran klammerten sich die Menschen, die mit uns zusammenarbeiteten, während sie gleichzeitig versuchen mussten, mit ihrem neuen Leben, ihrem Schicksal zurechtzukommen. Ich sagte ihnen stets, die Justiz wird wohl noch auf sich warten lassen. Mehr wollte ich nicht zusagen. Jedoch war ich von derselben Hoffnung beseelt wie sie.

Während Assads Gefolgsleute sich zu Hunderten von ihm abwandten und uns als Zeugen zur Verfügung standen, fielen Salafisten und Dschihadisten nie vom Glauben ab. Wenn das Weiße Haus von ISIL spricht und der Élysée-Palast »Da'esch« sagt, wenn die *Times* ISIS schreibt, dann meinen alle dieselbe Terrorgruppe, den »Islamischen Staat im Irak und in Großsyrien (ISIS)«, im deutschen Sprachraum häufiger IS genannt. Wie man sie auch bezeichnen will: Nur zu gern hätte ich meine Fragen an einen dieser selbst ernannten Gotteskrieger gerichtet. Dazu kam es leider nie.

Unsere sicher im Tresor des Hochkommissariats verwahrte »Liste« umfasste auch diverse Namen der ISIS. Gemessen an der Legion ihrer Totschläger, Halsabschneider und Mörder waren es vergleichsweise wenige. Die Dschihadisten werden zu meinem Bedauern nicht gerade die Anklagebänke eines künftigen Strafgerichts füllen. »Wir brauchen nicht noch mehr Kommissäre«, meldete ich mich bei einer unserer Sitzungen unter dem Dach des Palais Wilson zu Wort, »was wir brauchen, sind mehr Ermittler, Polizisten!« Wir beantragten eine Budgeterhöhung – sie wurde abgewiesen. Wir fragten nach einer Begründung – und erhielten keine.

Was diesen Krieg von allen vorangegangenen unterschied, war die Selbstinszenierung der Täter. Der ISIS zelebrierte die eigenen Gräueltaten im Internet, um neue Mitglieder zu werben und die Gegner abzuschrecken. Wir widmeten ihren Taten am 19. November 2014 einen vollen Report. Die salafistische Miliz zählte Tausende von Mitgliedern. Wir beschuldigten sie nicht nur zahlreicher Terroranschläge, sondern auch des Völkermords.

Die sunnitischen Kämpfer der ISIS gingen aus der Al Kaida im Irak hervor, bevor sie sich verselbstständigten und sich im Arabischen auch als »Daesh« bekannt machten. Anfangs waren sie in Syrien nicht mehr als eine Fraktion neben Hunderten anderen bewaffneten Truppen. Ab April 2013 entwickelten sich die Milizionäre mit rasender Geschwindigkeit zur gut geölten Terrormaschine. Es war nicht allein ihre Ideologie, die in sozial und wirtschaftlich schlechter gestellten Gemeinschaften auf fruchtbaren Boden fiel – punkten konnte die Gruppe auch mit Geldgebern, die sie ausrüstete und ihnen finanziell den Rücken stärkte. Eine Unzahl von Foreign Fighters füllte ihre schwarzen Reihen auf. Dabei führte der ISIS einen Vielfrontenkrieg: Sie hatte nicht nur Assads Regime den Tod geschworen, sie bekämpfte ebenso verbissen die FSA und die Kurden-Miliz. Mit der internationalen Koalition erwuchs ihr ein mächtiger Feind.

Ich hatte einmal geglaubt, die bestialische Brutalität des Völkermords in Ruanda sei nicht zu übertreffen. Ebenso war ich der Überzeugung, die ethnische Säuberung in Bosnien suche ihresgleichen in ihrer Schonungslosigkeit gegen wehrlose Menschen. Aber nichts, mit dem ich je konfrontiert wurde, kommt den Taten der ISIS gleich. Dabei ist ihnen nicht einmal daran gelegen, ihre Spuren zu verwischen, die Taten zu verdunkeln – im Gegenteil: Selbst die Scharfrichter nehmen ihr grausames Handwerk unverhüllt vor. Uns wurde ein Video zugespielt, das zeigte, wie einem 12-jährigen Kind der Kopf vom Rumpf getrennt wird. Ich sah es mir gemeinsam mit einem Ermittler an. Es war schrecklich. Der Knabe wusste, was ihm geschehen würde. In seinen Augen stand die Todesangst. Gnädigerweise war es schnell vorbei (wir hörten immer wieder von Exekutionen, deren Henker – absichtlich oder nicht – stümperhafte Arbeit machten und die Opfer unnötig leiden ließen). Kann ein Video lügen? Kann eine Sequenz aus dem Kontext gerissen werden? Schließlich lassen sich solche Aufnahmen problemlos manipulieren. Voreilige Schlüsse durften wir nicht ziehen. Wir ermittelten die Hintergründe dieses Falls und stießen nach einigen Monaten tatsächlich auf die Mutter des Kindes, sie lebte noch immer in Syrien. Und: Sie war bereit zu einer Aussage gegen die Mörder ihres Sohnes, was sie freilich selbst in Lebensgefahr brachte. Informanten nannten uns den Namen des Scharfrichters – ein Neuzugang für unsere »Liste«. Wir haben übrigens nie für Informationen bezahlt, unsere Zeugen sprachen stets aus freien Stücken mit uns. Diesem Mann auf die Spur zu kommen, war nicht so schwierig, wie man sich das vielleicht vorstellt – die Henker der ISIS wurden verehrt wie Popstars, sie waren allgemein bekannt. Sie bewegten sich frei und erfreuten sich ihrer Popularität.

Schließlich erfuhren wir, wer uns die Videoaufnahme zugespielt hatte – sie kam von der Assad-Regierung. Nicht direkt, sondern auf Umwegen, um eine Beteiligung, geschweige denn eine Unterstützung der UN-Kommission politisch nicht zuzugeben. Weiter schien sich die Regierung mit der Aufklärung des Falls nicht befasst zu haben. Natürlich konnten wir den Täter nicht festnehmen lassen, dazu fehlte uns ja jede Befugnis. Aber sollten wir nun wiederum seinen Aufenthaltsort und seine Identität den syrischen Behörden weiterleiten? Ich bat um eine Unterredung mit dem syrischen Botschafter in Genf. Hamoui war inzwischen abgelöst worden von Houssam El dine Alaa. Zu meiner Überraschung willigte Alaa ein, mich zu sehen. Der neue Botschafter wirkte auf mich wie ein besonnener Mann. Alaa war Brillenträger. Sein schütteres Haar war noch nicht ergraut. Er war nicht unfreundlich. Doch nachdem wir gegenseitig festgestellt hatten, dass keine Annäherung stattfinden würde, beendete er ebenso freundlich das Meeting. Die Mutter des enthaupteten Knaben wäre bereit, ihre Aussage vor einem Gericht zu machen. Sie würde weiter auf diesen Augenblick warten müssen. Das Augenpaar dieses 12-Jährigen, der zum Hauptdarsteller seines eigenen Todesfilms geworden war, hatte sich mir eingebrannt.

Mir drängte sich der Vergleich mit einem Fall in Jugoslawien auf, der mir ebenso stark in Erinnerung geblieben war, auf seine Weise allerdings in positivem Sinn: Damals ließ man Zivilisten ihre eigenen Gräber schaufeln. Sie hatten sich in einer Reihe vor den Löchern aufzustellen, um einer nach dem anderen mit einer Kugel niedergestreckt zu werden. Die Reihe kam an einen Vater, der seinen zweijährigen Buben an der Hand hielt. Seine Henker waren gewissenlos genug, den Vater im Beisein seines Kindes zu töten. Aber nicht gewissenlos genug, um sich auch des Buben zu entledigen. Es wollte sich niemand finden, der auf das Kind abdrückte. Der Schießbefehl wurde dem Vorgesetzten verweigert. Und auch er selbst brachte es nicht über sich. Man hatte den

Waisen schließlich auf einen Karren gesetzt und fortgebracht (als 17-Jähriger stellte sich mir dieser Junge dann vor Gericht zur Verfügung). Und wäre nun die ISIS seinerzeit an der Stelle des Erschießungskommandos gestanden? Ihre Häscher hätten keine Sekunde gezögert, den Finger krumm zu machen, mehr noch: uns waren Fälle bekannt, in denen sie Kinder am Leben erhielten, um sie länger ihrer Folter auszusetzen. Was der Islamische Staat im Namen Gottes Menschen antun kann, übersteigt das menschliche Begriffsvermögen. Einige Beispiele greife ich aus den Berichten heraus:

Im Spätsommer 2014 setzte die ISIS ein 16-jähriges Mitglied ein, um zwei Regierungssoldaten aus dem Leben zu befördern. Die Terroristen hatten keinerlei Bedenken, Kinder als Gehilfen von Hinrichtungen einzusetzen. Am 13. Januar 2015 brachten sie ein Video in Umlauf: Es zeigt ein Kind, vielleicht 10 Jahre alt, wie es zwei Männer erschießt, vermeintliche Spione. In sogenannten »Cub Camps« (cub, engl: Jungtier) bildete die Miliz Kinder zu Selbstmordattentätern aus. In einem dieser Lager sah ein Mann einen Buben, der eine AK-47 hinter sich herschleifte, denn das Sturmgewehr »war größer als er selbst«. Und ein Zeuge aus Al-Hasaka: »Ich sah mindestens zehn bewaffnete ISIS-Soldaten, die erst 13 oder 14 Jahre alt waren. Diese Jungen waren als Wächter am Hauptquartier und an Checkpoints eingesetzt und trugen Kalaschnikows und Granaten.« Es war im Mai 2014, als ein Verurteilter zum Khorda-Platz in Ar-Raqqa geschleift wurde. Die ISIS-Schergen trennten ihm zur Strafe für einen Diebstahl eine Hand ab. Die unpräzis vorgenommene Amputation und die Schmerzen des laut jammernden Mannes konsternierten auch die Volksmenge, die aufgefordert worden war, dem Strafvollzug beizuwohnen.

Männer, die beim Rauchen, Trinken, beim Handel während der Gebetszeit oder beim Fastenbruch während des Ramadans erwischt wurden, hatten mit Auspeitschung zu rechnen. Im Mai 2014 wurden mehrere Männer von Ar-Raqqa in aller Öffentlichkeit mit der Peitsche bestraft, die ihren Rücken förmlich zerfetzte. Ein Zeuge aus Ar-Raqqa: »Menschen, die man während der Fastenzeit beim Essen erwischt hatte, wurden in der Straße gepeitscht. Ein ISIS-Mitglied schleifte einen 14-Jährigen, der verbotenerweise Wasser getrunken hatte, in die Mitte einer Menge, verkündete sein Verbrechen und gab ihm 79 Peitschenhiebe.«

Ein anderer Auspeitscher nahm sich Männer vor, die mit liederlich gekleideten weiblichen Verwandten angetroffen worden waren. Mehreren Aussagen zufolge hatten ISIS-Patrouillen Frauen, die ohne ihren Gesichtsschleier ertappt wurden, mit Knüppeln geschlagen. Am 24. April, in derselben Stadt, wurde ein Mann öffentlich geprügelt: Das Gesicht seiner Frau war nicht vorschriftsgemäß verhüllt gewesen. Manche dieser Verurteilten wurden an ein hölzernes Kreuz gebunden, wo sie nach dem Vollzug ihrer Bestrafung öffentlich ausgestellt blieben.

»Beiden Verurteilten waren die Hände an ein improvisiertes Kreuz gebunden. Ich las die Tafeln, die auf den Kreuzen angebracht waren: *Dies ist das Schicksal all jener, die gegen uns kämpfen.* Mein siebenjähriger Sohn hielt meine Hand fester, als er die schreckliche Szene sah. Später fragte er mich, warum die Körper über und über voller Blut waren. Ich musste ihn belügen und sagte, diese Männer warten auf Ambulanzen, die bald kommen würden«, ein Augenzeuge in der Stadt Deir ez-Zor.

Ein Mann, der einer Amputation in Ar-Raqqa beiwohnte, schilderte uns: »Die ISIS hatte in Moscheen verkünden lassen, dass bei Plünderung die islamische Strafe des *Al-Hadd* zur Anwendung kommen würde. Zur festgelegten Zeit am folgenden Tag wurde ein Mann mit einer Augenbinde auf den Marktplatz geführt. Ein ISIS-Mitglied verlas das Urteil. Zwei hielten ihn fest, während ein Dritter ihm den Arm auf einem Holzbrett ausstreckte. Dann schlug ein Vierter ihm die Hand ab. Es dauerte sehr lange. Einer der Zuschauer, der neben mir stand, musste sich erbrechen und wurde ohnmächtig.«

Die Gebote der ISIS schreiben den Frauen vor, was sie zu tragen haben, welchen Umgang sie pflegen dürfen, wo sie arbeiten können. Mädchen über 10 Jahre müssen, wenn sie sich draußen aufhalten, am ganzen Körper bedeckt sein. Eine Frau, der es später gelang, aus einer ISIS-Hochburg zu fliehen, beschrieb uns, wie die Kleidung an Checkpoints immer wieder geprüft wurde. »Man kann praktisch nichts sehen. Ich fiel immer wieder hin. Das Atmen fällt schwer. Man geht die Straße hinunter, fühlt sich aber eingesperrt wie in einer Gefängniszelle.« Weibliche Personen waren in der Gegenwart von Männern nicht erlaubt, es sei denn, es handelte sich um direkte Familienmitglieder. Für alleinstehende Frauen, deren männliche Verwandte gefallen oder an der Front verschollen waren, stellte schon der kurze Gang in den nächsten Laden ein Wagnis dar. Das Patriarchat weist der Frau ihre untergeordnete Stelle notfalls mit der Peitsche zu. Strafen werden durch die Al-Hisbah vollstreckt, die »Moralpolizei«. Gern wird diese Aufgabe auch der al-Khansaa-Brigade übertragen, der Frauenbrigade. Innerhalb der Terrorgruppe ist ihr Rang vergleichbar mit der einer Gestapo. Die bewaffneten Frauen züchtigen ihre Geschlechtsgenossinnen ohne jede Empathie.

Ein Bewohner Aleppos wollte in einem ISIS-Kerker die Freilassung seines Cousins erwirken. »Ich wollte die Wachen beschwichtigen, er habe doch lediglich angedeutet, das Handeln der ISIS sei blasphemisch.« Als sein Fürsprecher brachte er vor, nur Gott könne darüber urteilen, was Gotteslästerung sei. »Das machte die Wachen sehr wütend. Sie drückten mich zu Boden und schlugen mich. Ich erhielt 400 Peitschenhiebe und blieb mehrere Wochen eingesperrt.«

Ein Kurde, der sein Heim in Aleppo verlassen musste, wurde vom Emir der ISIS harsch gescholten: »Hast du nicht dein Haus hier? Ist das nicht dein Dorf hier? Weder ist dies dein Dorf, noch hast du ein Haus. Ich will nicht erleben, wie du über ein Heim hier sprichst. Du gehörst nicht hierher. Morgen schon wird keiner von euch mehr hier sein oder jemals zurückkehren.«

Ein Zeuge aus Ar-Raqqa: »Die ISIS stellte die abgetrennten Köpfe gefangener Soldaten im Stadtzentrum zur Schau. Dem Blut nach zu urteilen, schienen sie erst kurze Zeit tot zu sein.«

Ein weiterer Anwesender beschrieb die Exekution eines Kurden: »Der ältere Richter kam und sagte: Wir tun dies vor aller Augen, damit ihr euern Kindern und Nachbarn berichten könnt, dies ist wie *kuffär* enden und was sie erwartet.«

Als Ar-Raqqa am 25. Juli 2014 fiel, richtete die Terrororganisation ein Blutbad unter den Soldaten an, die kapituliert hatten. Viele wurden geköpft. Einwohner der Stadt beschrieben, wie die blutigen Körperteile in der Stadt ausgestellt wurden. Videos zeigten, wie Kinder sich die geschändeten Leichen anschauten. Ein Flüchtender aus Mohassan sah »viele Köpfe an den Wänden hängen«, während er und seine Familie ihr Heil in der Flucht suchten.

Zweihundert Mann, die die Luftbasis Tabqa aufgeben mussten, hatten sich bis auf die Unterhosen auszuziehen und in die Wüste zu marschieren. Die ISIS veröffentlichte ein Video des

Gewaltmarsches, an dessen Ende Hunderte tot in den Sand sanken, eine Pistolenkugel im Kopf.

Auch das Nachrichtenwesen wünschte die ISIS in ihren Gebieten zu kontrollieren. Zahlreiche syrische Journalisten und Menschenrechtsaktivisten verschwanden spurlos. Seit Juni 2013 folterte die ISIS nicht nur Medienberichterstatter, sondern auch jene, die als Quellen dienten. Ein Journalist wurde der Spionage angeklagt. Nachdem man ihn nach Belieben geschlagen hatte, gab man ihm eine Todesdrohung mit auf den Weg, sollte er noch mal Aufnahmen von ISIS-Angehörigen machen: »Wir werden sicherstellen, dass du nie wieder irgendetwas auf dem Angesicht dieser Erde tun wirst.«

In Al-Hasaka behinderte die Miliz unter ihrer schwarzen Fahne die Einfuhr von dringend benötigter Medizin. Ein Einwohner schilderte, nach der Machtübernahme der ISIS im April 2014 hätten Menschen die Verhaftung riskiert, wenn sie sich Medikamente beschafften.

Endlich stand dieser Schreckensherrschaft das Militärbündnis der Koalition der westlichen und arabischen Staaten sowie der Türkei gegenüber. Die internationale Allianz wurde am 5. September 2014 aus der Taufe gehoben. Unter dem markigen Namen »Operation Inherent Resolve« (was in etwa »Operation der Entschlossenheit« bedeuten könnte) trugen die Amerikaner ihren Teil bei, indem sie den Krieg direkt zur ISIS brachten. Deren Anhänger reagierten damit, sich vermehrt in zivilen Häusern zu positionieren. Auch ihr Material verbargen sie in der direkten Nachbarschaft von Zivilpersonen. Darum kosteten die Luftschläge einmal mehr die Leben von Zivilisten. Einen Vorfall ließen wir ermitteln: Ein unbescholtener Mann kam ums Leben, weil die ISIS direkt neben seinem Heim Stellung bezogen hatte.

In unserer Korrespondenz an die syrische Botschaft unterstrichen wir, die Kommission lasse die schrecklichen Kriegsverbrechen der ISIS in den Berichten ans UNHRC nicht ungenannt. Wenigstens in diesem Punkt erhofften wir uns jedoch die Kooperation. Insbesondere wollten wir die Ereignisse in Ain al-Arab, Tall Abyad, Qamischli und Al-Hasaka untersuchen, wo die ISIS gewütet hatte. Doch die syrische Botschaft würdigte uns keiner Antwort.

Die Vernichtung der Yazidi

In den frühen Morgenstunden des 3. August 2014 nahmen Kämpfer des Islamischen Staats ihre Waffen auf und rückten aus ihren Verstecken in Syrien und dem Irak nach dem Distrikt Sindschar vor. In dieser Bergregion im Nordirak, 15 Kilometer von der syrischen Grenze entfernt, lebte seit Jahrhunderten die Gemeinschaft der Jesiden (ich verwende im Weiteren ihre englische Bezeichnung: die Yazidi). Die ISIS nannte sie »Ungläubige«. Die Islamisten setzten einen teuflischen Plan in die Tat um: diese ethnische Gruppe für immer vom Erdboden zu tilgen. Unsere Berichterstattung zielte darauf ab, die Terrormiliz des Völkermords anzuklagen. Dahingehend unterschied sich unser Bericht zu diesem isolierten Ereignis von allen anderen: Wir setzten diesmal wirklich eine Anklageschrift auf, da die Beweislast mehr als erdrückend war. Der »Islamische Staat« hatte sich des Genozids schuldig gemacht.

Die Yazidi sind eine religiöse Minderheit mit mehreren Hunderttausend Angehörigen. Nach diesem Augusttag sollte ihre Welt nie mehr dieselbe sein. Bereits kurz nach Beginn des konzertierten Angriffs deuteten erste Berichte darauf hin, dass die schwarze Miliz jede nur denkbare Gräueltat an den wehrlosen Zivilisten beging. Die Männer wurden hingerichtet. Die Frauen in den Harem der Terroristen verkauft. Die Jungen einer Gehirnwäsche unterzogen. Schnell war klar, Ziel der Operation war die systematische Ausrottung der Yazidi. Nichts sollte mehr an sie erinnern.

— 110 —

Wir zitierten auf dem Deckblatt des Berichts einen religiösen Führer der Yazidi:»Sie kamen, um zu zerstören.« Unsere Ermittler trieben Zeugen auf, die sich in die Türkei hatten retten können. Die ISIS selbst hielt sich in ihrer üblichen Beweihräucherung nicht zurück. Der Tatbestand des Völkermords ist erfüllt, wenn der Beweis erbracht ist, dass die totale oder teilweise Vernichtung einer ethnischen Gruppe mit System betrieben wurde. Der Irak reagierte sehr ungehalten auf unseren Report, da die»ethnische Säuberung« auf seinem Gebiet stattfand. Sie hatten wohl etwas dagegen, dass ihre schmutzige Wäsche in der Öffentlichkeit gewaschen wurde. Unser Mandat war tatsächlich auf Syrien beschränkt. Doch da zahllose Yazidi über die Grenze in die syrischen Lager der Terroristen verschleppt wurden, stellte sich die Frage nach der Zuständigkeit nicht mehr. Die Weltpresse nahm das Thema auf. Wichtig war, dass von Völkermord die Rede war, nicht von vereinzelten terroristischen Aktionen. Nach Veröffentlichung unseres Sonderreports äußerte der Präsident des Sicherheitsrates öffentlich seine Empörung. Dieses Mal, dachte ich, wird eine Reaktion nicht ausbleiben. Völkermord ist eines der am schwersten nachweisbaren Vergehen gegen das Völkerrecht. Die Anklage muss dem Angeklagten beweisen, dass er die feste Absicht verfolgt, eine Gruppe von Menschen physisch zu vernichten. Niemand, der einen Völkermord plant, macht dies öffentlich. Und er wird es tunlichst unterlassen, solche Anweisungen schriftlich zu geben. Dennoch halte ich die Beweise im Fall der Yazidi für über alle Zweifel erhaben.

Wir konnten mit 45 Überlebenden aus der Region um den Berg Sindschar sprechen, wo in Hunderten von Dorfgemeinschaften die Mehrheit der Yazidi bisher in Frieden mit arabischen Nachbarn lebte. Als der ISIS im Juni 2014 Mossul erobert hatte, lag Sindschar genau zwischen den von den Terroristen kontrollierten Gebieten. Die Peschmerga, die kurdische Miliz, war die einzige bewaffnete Truppe in der Region. Innerhalb von 24 Stunden änderte sich alles für die Yazidi. Der ISIS-Vorstoß stieß kaum auf Widerstand. Die Peschmerga gab ihre wenigen Stellungen schnell auf. Die Zivilbevölkerung erhielt keine Aufforderung zur Evakuierung. Wenige lokale Yazidi-Männer leisteten Widerstand, um ihren Familien den Rückzug zu sichern. Bei Tagesanbruch befanden sich Hunderte in panischer Flucht vor den schwarz gekleideten Islamisten. Manche bezahlten den Ratschlag ihrer arabischen Nachbarn, über ihren Häusern einfach die weiße Flagge zu hissen, mit dem Leben. Kaum hatte der ISIS alle strategischen Knotenpunkte besetzt, sandte er mobile Patrouillen aus, um die Familien auf den Fluchtrouten abzufangen. Jene, die es bis nach Dohuk schafften, sahen sich dort ebenfalls Kämpfern mit schwarzen Kapuzen gegenüber. Und jene, die die Hochebene des Berges Sindschar erreichten, waren eingekesselt, schutzlos der Sonne ausgesetzt und ohne Nahrung. Die Schergen schnitten ihnen die Wege zu den Wasserquellen ab. Das Hochkommissariat schätzte die Zahl der Belagerten auf 30 000. Der UNO-Sonderberichterstatter für Menschenrechte, Chaloka Beyani, sagte: »Wir beobachten eine Tragödie von ungeheurem Ausmaß.« Am 7. August gab Präsident Obama schließlich dem US-Militär den Befehl, die Eingeschlossenen aus der Luft zu versorgen. Helikopter versuchten, die Verletzten zu evakuieren. Hunderte starben auf ihrem Berg, bevor die kurdische YPG ihnen einen Korridor freischießen konnte. Am Fuß der Berge jedoch hatten die schwarzen Banden innerhalb von 72 Stunden die Dörfer geleert.

Die ISIS hatte ihre Operation wohl vorbereitet. Gefangene wurden in kürzester Zeit in bereits vorbereitete Lager gebracht. Die Menschen wurden nach Geschlecht und Alter aufgeteilt und tiefer ins Gebiet der Extremisten verschleppt. »Nachdem sie uns gefangen hatten«, sagte uns ein 16-jähriges Mädchen, »mussten wir zusehen, wie einige unserer Männer geköpft wurden. Sie mussten in einer Reihe niederknien, die Hände auf den Rücken gefesselt. Die ISIS zückten Messer und schnitten ihre Kehlen durch.«

Eine Frau, der 15 Monate Knechtschaft bevorstand, in der sie fünf Mal verschachert werden sollte, berichtete uns: »Die ISIS befahlen jedem aus unserem Dorf Kocho, sich zur Schule zu begeben: Männer und Jungen über 10 Jahre ins Erdgeschoss, Frauen und Kinder in den oberen Stock. Dann nahmen sie alle männlichen Bewohner mit. Keiner von ihnen ist je zurückgekommen. Auch mein Ehemann war unter ihnen.« Männliche Gefangene, die später entkommen konnten, sahen von ihren Transportern aus, dass Tote den Straßenrand säumten. Nach der Aufteilung in Gruppen exekutierte die ISIS die Männer und älteren Jungen, die sich weigerten, zum Islam zu konvertieren, meist durch Kopfschuss. Anderen wurde der Hals durchgeschnitten. Einige der Terroristen machten sich einen Spaß daraus, die Verwandten im Glauben zu lassen, sie hätten ihre Gefangenen irgendwo auf freien Fuß gesetzt.

Die Jungen sowie die älteren Männer, die man nicht tötete, wurden zu Zwangsarbeitern. Man nötigte sie, sich die Haare nach dem Vorbild der Islamisten wachsen zu lassen und in der Moschee zu beten. Sie sollten für die Ideologie des Dschihads empfänglich gemacht werden. Fluchtversuch bedeutete sofortigen Tod. In den ersten Septembertagen beförderte die ISIS

»konvertierte« Familien nach Tal Afar, das von seinen früheren Bewohnern verlassen worden war. ISIS-Männer filmten auf ihren Smartphones, wie die »Konvertierten« nun die eigenen Verwandten »drängten«, ebenfalls den Glauben zu wechseln. Im Frühling 2015 waren die Begründer ihres neuen »Gottesstaats« zur Einsicht gelangt, dass die »Konvertierungen« nicht den gewünschten Effekt hatten. Sie trennten die verschleppten Familien. Danach verlor sich die Spur vieler.

Die Indoktrinierung der männlichen Jugendlichen begann so früh wie möglich. Ist es auch Wahnsinn, so hatte die Absicht der Extremisten doch Methode. Als die Jungen das Alter von 7 Jahren erreichten, wurden sie den Müttern weggenommen und in verschiedene Ausbildungsstätten gesteckt (einige sogar in ehemaligen Schulhäusern). Man gab den Yazidi-Knaben islamische Namen und rekrutierte sie für die Terrorarmee, wo sie gemeinsam mit sunnitischen Araberjungen in der Handhabung von AK-47 und Handgranaten unterwiesen wurden. Regelmäßig »fütterte« man sie mit den typischen Propagandavideos. Konnte einer die Verse aus dem Koran nicht auswendig aufsagen, setzte es Schläge. Mit der Auslöschung der Vergangenheit dieser Jungen verfolgten die Islamisten zwei unmenschliche Absichten: dem Stamm der Yazidi die Zukunft zu nehmen und gleichzeitig Kanonenfutter für die ISIS heranzuzüchten. »Sie sagten uns, wir müssten gute Muslime werden und für den Islam kämpfen«, trug ein Junge uns vor, er war beim Zeitpunkt seiner Festnahme 12 Jahre alt gewesen. »Sie zeigten uns Videos von Enthauptungen und von ISIS-Schlachten. Mein Ausbilder sagte, du musst *kuffar* töten, auch wenn es dein Vater und deine Brüder sind, denn sie gehören der falschen Religion an und beten Gott nicht an.«

Die Anzahl der Jungen, die ihren Eltern weggenommen wurden, um zu Terrorkämpfern ausgebildet zu werden, lässt sich unmöglich eruieren. Limitiert waren auch die Informationen zum Verbleib der Yazidi-Männer und der älteren Jugendlichen, die das Gemetzel vom August überlebt haben könnten. Tausende verschleppter Frauen befanden sich in den Händen der Unmenschen. Man konnte sie in den syrischen Gebieten der ISIS vermuten.

Die Dörfer wurden nach unverheirateten Frauen durchkämmt. Auch Verheiratete, aber Kinderlose, waren den Männern recht. Aussage einer Frau, die innerhalb von elf Monaten zweimal verkauft wurde: »Die Männer kamen und suchten aus den Frauen und Mädchen aus. Wir Frauen gaben uns als älter aus, und die Mädchen logen, sie seien jünger. Wir versuchten, weniger ansprechend auf sie zu wirken, indem wir uns kratzten und uns Dreck ins Gesicht schmierten. Doch es funktionierte nicht.«

Manchmal wurden die Frauen auch ohne ihren Gesichtsschleier fotografiert. Einer 18-Jährigen wurde befohlen, für die Aufnahme zu lächeln. »Wir wurden registriert. Man nahm Namen und Alter auf«, berichtete ein Mädchen, das 12-jährig bei seiner Gefangennahme war, es wurde innerhalb von sieben Monaten viermal verkauft, »dann suchten die Soldaten Mädchen aus. Das jüngste war 9 Jahre alt. Eine Mitgefangene sagte mir, wenn sie versuchen, dich zu nehmen, ist es besser, du tötest dich selbst.« Eine Frau, die sich aus dem Fenster stürzte, um sich umzubringen, blieb schwer verletzt liegen. Die Terroristen verbaten den anderen Frauen, ihr Hilfe zu leisten. Manche erhängten sich an ihrem Gesichtsschleier.

Auch die Route der Verschleppung war von langer Hand vorbereitet. Auf jeder Zwischenstation warteten Hunderte, manchmal Tausende von Frauen, bis sie an einen ISIS-Kämpfer losgeschlagen oder auf einem Sklavenmarkt feilgeboten wurden. Die Frauen beschrieben uns, dass das Essen Maden enthielt, trinken mussten sie aus der Toilette. Unterteilt wurden sie in Verheiratete und Unverheiratete. Nur unter 8-jährige Mädchen durften bei ihren Müttern bleiben. Als die Frauen dieses »System« durchschaut hatten, gaben Unverheiratete ihre Nichten als ihre eigenen Kinder an. Ein Gynäkologe stellte fest, ob Unverheiratete sich fälschlicherweise als Ehefrauen ausgegeben hatten. Eine Massentötung von Frauen ist dokumentiert. In den Morgenstunden des 16. August entledigte sich die ISIS in Kocho der über 60-Jährigen. Ihr Massengrab wurde im Technischen Institut der Stadt gefunden.

Eine Frau, 12 Monate festgehalten, ungefähr 15-mal verkauft: »Wir wurden bei Nacht nach Ar-Raqqa gefahren und dort in ein Haus eingeschlossen. Dort blieb ich drei Wochen bis zu meinem Verkauf. Während der ganzen Zeit kamen Männer der ISIS, um Frauen und Mädchen zu erwerben. Es ist schwer, sich an alle zu erinnern, die mich gekauft haben.«

Die Sklavenverkäufe fanden auch online statt, wobei die gemachten Fotos Verwendung fanden. Die »Profile« enthielten Alter, Zivilstand, Aufenthaltsort und Preis. Ein ISIS-Dokument, das wir als authentisch verifizierten, hielt den Erwerbsvorgang fest: Als Bieter hatte man sich am Sklavenmarkt in Homs vorab zu registrieren; das Geld war in einem verschlossenen Umschlag abzugeben, und das Gebot verpflichtete den Höchstbietenden zum Kauf. Der Sklavenmarkt in Ar-Raqqa wurde »die Farm« genannt. »Wir mussten uns auf einen erhöhten Platz stellen«, berichtete eine Frau. »Weigerten wir uns, so wurden wir mit Stöcken gezüchtigt. Das jüngste der Mädchen war zwischen 7 und 9 Jahren alt. Die Männer verlangten, dass wir unsere Kopfbedeckung abnehmen. Sie wollten unsere Haare sehen. Manchmal mussten wir den Mund öffnen, damit sie unsere Zähne prüfen konnten.«

In einem anderen Verkaufsraum mussten die Frauen vor Männern hin- und hergehen wie auf einem Laufsteg. Hob einer die Hand, bedeutete das ein Kaufangebot. Die Preise bewegten sich zwischen 200 und 1500 US-Dollar. Ein Käufer informierte sein neues »Eigentum«: »Du bist wie ein Schaf, ich habe dich gekauft.« Sieben Tage später verkaufte derselbe Mann sie an ein anderes ISIS-Mitglied. Die Männer brachen ihre eigenen »Wiederverkaufsregeln«, indem sie ihr »Besitztum« auch außerhalb der Miliz feilboten oder sie einem Bruder abtraten. Unsere Zeugen berichteten ebenfalls, dass Interessierte aus zahlreichen anderen Staaten die Gelegenheit zum Kauf nutzten: aus der Türkei, Marokko, Algerien, Tunesien und Kasachstan, um nur einige zu nennen.

Danach blieben die Frauen in den Häusern ihrer neuen Besitzer eingesperrt, verrichteten für die Familie niedere Arbeiten. Den Gesichtsschleier hatte man ihnen weggenommen, sodass sie, wenn sie es bis zur Straße schafften, sofort auffielen. Ein Mann bestrafte die Flucht seiner Sklavin, indem er vor ihren Augen ihre Kinder tötete. Er behielt sie und vergewaltigte sie weitere sieben Monate lang.

Die Vergewaltiger machten auch bei Schwangeren keine Ausnahme. Eine Frau, die während eines Jahres 8-mal den »Besitzer« gewechselt hatte, von denen sie Hunderte Male missbraucht worden war, wurde gezwungen, Anti-Baby-Pillen einzunehmen. Am Ende wurde sie für 20 000 US-Dollar von ihrer Familie zurückgekauft. Unsere Interviewten vertrauten uns an, dass sie während ihres Martyriums Kinder gebaren. Die Babys wurden unter ungeklärten Umständen fortgegeben. »Ich wollte, ich wäre tot. Ich wollte, der Boden würde sich öffnen und mich und meine Kindern verschlucken«, sagte uns eine Frau. Sie hatte 17 Monate als ISIS-Sklavin hinter sich. Ein anderes Opfer teilte sich unseren Ermittlern wie folgt mit: »Bevor die ISIS angriff, war ich glücklich. Mein Ehemann vergötterte mich, er liebte unsere Kinder. Wir hatten ein gutes Leben. ISIS hielt mich über ein Jahr gefangen. Ich habe seit dem Tag des Angriffs meinen Mann nicht mehr gesehen. Ich träume von ihm.« Die Gemeinschaft der Yazidi hat größtenteils die Frauen, die zurückgebracht wurden, wieder aufgenommen. Ihre religiösen Führer legten fest, dass auch jene, die unverheiratet in Gefangenschaft gerieten, sich verheiraten dürfen.

Kaum dass sie die Sindschar-Region unter ihrer Kontrolle wussten, begannen die Milizionäre mit der Einebnung von Tempeln und Anbetungsstätten der Yazidi, und als sie abzogen, verminten sie die Gebäude. Die fundamentalistische Miliz wollte diese Menschen für immer aus ihrem Kalifat, das sie 2014 ausgerufen hatten, vertrieben wissen. Für ihre Massenverbrechen konnten wir ausreichende Berichte vorlegen. Unsere Ermittler hatten deutliche Beweise gefunden. Wir hatten nicht nur die Aussagen der Opfer, sondern auch Interviews mit religiösen Führern, Schmugglern, Aktivisten und Anwälten, Medizinern und Journalisten. Und letztlich war die ISIS ihr glaubwürdigster Zeuge, indem sie die Schandtaten gleich selbst veröffentlichten. In den Fällen, in denen wir die Herkunft bestimmen konnten, übernahmen wir Beweismaterial, das direkt aus ISIS-Quellen stammte.

Es mag schwer zu verstehen sein, dass nach all den angeführten Punkten noch die Frage geklärt sein wollte, ob der Tatbestand des Genozids erfüllt war. Völkermord ist das schwerste Verbrechen, das die Menschheit kennt. Die Strafe darauf ist lebenslänglich. War es das Ziel dieser Krieger, die Yazidi in ihrer Gesamtheit zu vernichten? Die einst 400 000 Menschen dieser Gemeinschaft wurden in alle Winde verstreut, lebten noch in Gefangenschaft oder lagen in unmarkierten Gräbern. Als wir unseren Bericht einschickten, befanden sich noch über 3200 Frauen und Kinder in den Händen der ISIS. Tausende der männlichen Yazidi blieben vermisst.

Knapp zwei Jahre dauerte es, die hier zitierten Aussagen für unseren Bericht vom 15. Juni 2016 zusammenzutragen. Einmal übte sich unsere Kommission nicht in vornehmer Zurückhaltung. Ich war stolz darauf, dass wir Tacheles redeten. Zwar schrieben wir keinem Staat eine Verantwortung zu. Dabei wäre es ohne Weiteres zu ermitteln gewesen, wer den Völkermord befohlen hatte. Aber in diesem Punkt blieben wir vage. Nun jedoch rechneten wir fest mit der Anrufung des Kriegsverbrechertribunals. Unser Bericht bot dem Sicherheitsrat jede Grundlage dafür. Denn politisch genoss die ISIS von keiner Seite Sympathien, geschweige denn offizielle Unterstützung. Doch die Tage vergingen, und einmal mehr löste unser Vortrag in der UNO nicht die erhoffte Reaktion aus.

Einige Zeit später lernte ich bei einem Menschenrechtskongress in Mailand Nadia Murad kennen, eine der betroffenen Yazidi-Frauen aus Kocho, die auch unseren Ermittlern Auskunft gegeben hatte. Sie kämpft um die Anerkennung des Völkermords und hielt einen eindrücklichen Vortrag. In der Gefangenschaft war Nadia mehrfach als Sklavin verkauft, vergewaltigt und gefoltert worden. Die ISIS hatte insgesamt 18 ihrer Familienmitglieder auf dem Gewissen. Hass schien diese kultivierte Frau nicht zu empfinden, auch auf Rache sann sie nicht. Sehen wollte sie die Zerstörer ihres Volkes auf der rechtmäßigen Anklagebank des internationalen Strafgerichtshofs. UN-Generalsekretär Ban Ki-moon hatte sie zur »Sonderbotschafterin für die Würde der Überlebenden von Menschenhandel« ernannt. Sie erkannte mich, und wir unterhielten uns eine Weile. Natürlich wollte Nadia Murad gern wissen, ob die Kommission Fortschritte machte, die Täter als Kriegsverbrecher vor Gericht zu stellen. »Wir arbeiten daran«, sagte ich ihr und hielt ihrem Blick stand. Es ist wichtig, jemandem diese Hoffnung zu lassen. Auch wir selbst hofften weiter, dass die Justiz am Ende siegen würde. Die Frage war nur, wann.

Die NGOs, unsere Augen und Ohren in Syrien

»Das geht nicht! Das muss aufhören!« So aufgebracht hatte ich Paulo Sérgio Pinheiro noch nie erlebt. Er versuchte nicht mit diesen brüsken Worten eine Menschenrechtsverletzung zu stoppen, sondern seine Mitkommissärin, Carla Del Ponte. Es war in Gaziantep, wir hatten ein Hotel besucht, das Schauplatz eines Kriegsakts geworden war, und die Journalisten, in diesem Teil der Welt besonders gut vernetzt, waren schnell vor Ort. Ich habe es immer als Vorteil empfunden, von der Presse fair behandelt zu werden. Das setzt allerdings voraus, dass man den Medien die Wahrheit sagt. Wenn ich um ein Statement gebeten wurde und ich mir eine Meinung zu einem Ereignis hatte bilden können, dann gab ich in der Regel Antwort. Was ich auch in diesem Fall tat. Als wir daraufhin in unseren Wagen stiegen, merkte ich schon, Paulo würde gleich in die Luft gehen. Er glich einem Kochtopf, dessen Deckel sich hebt. »Das geht nicht, das müssen wir geheim halten!«

Man sagt den Brasilianern ein heißblütiges Temperament nach, doch diese emotionale und impulsive Seite hatte Paulo mir noch nie offenbart. Endlich war er, der Fakten kühl abwog und immerfort gemäßigt auftrat, einmal übergekocht. Ich hätte mich beinahe über den unerwarteten Gefühlsausbruch gefreut – wenn er nicht mir selbst gegolten hätte. Er maßregelte mich, nur der Präsident nehme vor den Medien Stellung. Da platzte mir ebenfalls der Kragen (ich gebe zu, dass in meinem Fall weniger

dazu nötig ist, diese Seite anklingen zu lassen):»Ich mache, was
ich will! Wir sind hier im Interesse der UNO!«Ich konnte gerade noch an mich halten, um nicht den ganzen Krempel hinzuwerfen. In Gedanken sah ich mich schon an die Trennscheibe
des Wagens klopfen, damit der Fahrer mich an Ort und Stelle
aussteigen ließ, mitten in der Flüchtlingsstadt Gaziantep. Aber
der Wagen fuhr weiter, mit mir als Beifahrerin. Einem Mann
mit perfekten Manieren musste so ein Ausbruch unangenehm
sein, und so entschuldigte sich Pinheiro bald darauf. Ganz Diplomat, hatte er eine nette Formulierung gefunden:»Meine
Frau hat mir gesagt, ich dürfe nicht so mit Ihnen umspringen,
Carla.«Seine Frau war genauso klug wie er. Wir bereinigten den
Vorfall. An meiner wachsenden Skepsis gegenüber unserer Arbeit änderte das freilich nichts.

Wir reichten weiterhin unsere Berichte ein – in der Regel
schon drei Wochen vor dem Vortrag. So lange dauerte es, den
Text ins Arabische und die weiteren Sprachen der Mitgliedsstaaten zu übersetzen. Dass unsere Berichte sich immer mehr ähnelten, fiel wohl nicht nur mir auf. Sie waren stets in derselben Reihenfolge abgefasst: Der erste Teil war den Herausforderungen der
Kommission gewidmet. Größte Herausforderung: überhaupt am
Tatort ermitteln zu können. Syrien verweigerte nach wie vor
hartnäckig den Zutritt. Schon vor geraumer Zeit hatten wir
Russland gebeten, uns diese Tür zu öffnen. Die russischen Minister hatten die Anfrage zwar nicht abschlägig beantwortet, sich
dann aber nicht mehr vernehmen lassen. *Muro di Gomma*. Die
Amerikaner wiederum hätten uns bei der Einreise nur unterstützt, wenn wir unsere Ermittlungen auf die Terroristen fokussieren würden. Dennoch, wir versäumten nie, an alle Türen zu
klopfen. Im nächsten Teil des Berichts kamen wir jeweils auf die

Dynamik des Konflikts zu sprechen, gefolgt von der Auflistung der einzelnen Menschenrechtsverletzungen. Diese wiederum teilten sich in Fälle von Folter, sexueller Gewalt, Verstöße gegen die Rechte der Kinder, ungesetzliche Angriffe, unkonventionelle Waffen. Und so weiter. Die Berichte endeten mit der Zusammenfassung und unserer Empfehlung. Eine Empfehlung an die Kriegsherren, die Menschenrechtsverstöße und Kriegsverbrechen bitte per sofort einzustellen. *Subito.* Wir waren schon ein zahnloser Papiertiger. Die militärischen Interventionen schilderten wir detailliert. Was wir aussparten, waren die Namen der Staaten, die diese Militäraktionen einleiteten. Wir erwähnten weder ausländische Waffenlieferungen noch die Ausrüstung fremdländischer Produzenten, und erst recht nicht die Militärberater, die von fremden Armeen eingeschleust wurden. Nicht, dass wir diese Auslassung nicht untereinander diskutiert hätten – sogar sehr oft und sogar sehr heftig. »Als ob die Öffentlichkeit nicht längst Bescheid wüsste, welche Staaten hier ihren Schattenkrieg austragen«, plädierte ich. Doch gelang es mir nicht, die Kommission davon zu überzeugen. Sie wollte die politischen Beziehungen nicht gefährden, auf die unsere Ermittler angewiesen waren. Einmal schien ich Rückenwind aus der UNO zu erhalten: Wir sollten die beteiligten Staaten beim Namen nennen, hieß es. Doch diese Meinung wurde schnell wieder revidiert.

Als 2014 der bewaffnete Konflikt in der Ukraine ausbrach, verfolgten wir gespannt die Reaktionen der Staatengemeinschaft. Der russischen Regierung wurde wiederholt die Destabilisierung der Region vorgeworfen. Der Kreml unterstützte Milizen mit der Lieferung von schweren Waffen und dem Einsatz von Sondereinheiten. Im Juni 2014 kritisierte das UN-Hochkommissariat für Menschenrechte scharf die Tötungen und Folterungen. Im Juli war bereits die Rede von einer Terrorherrschaft der bewaffneten Gruppen über die Bevölkerung der Ostukraine. Die Außenminister verschiedener europäischer Staaten machten sich nach Kiew auf. Die Krise sollte diplomatisch beigelegt werden. Die EU verlangte die Einsetzung einer gemeinsamen Kommission mit Russland. Die Beobachter der OSZE (Organisation für Sicherheit und Zusammenarbeit in Europa) nahmen stehenden Fußes ihre Funktionen in der Ukraine auf. Und schon Anfang September trat ein Waffenstillstand in Kraft, unter der Kontrolle der OSZE.

Worauf ich hinauswill? Im März 2011 ging niemand zu Assad. Niemand stellte ihn zur Rede. Der Generalsekretär der UNO, der größten Friedensinstitution der Welt, klopfte ihm nicht einmal mahnend auf die Finger. Die EU glänzte mit Abwesenheit und tat so, als sei sie nicht zur Party eingeladen. Das wäre ein schönes Stelldichein in Damaskus gewesen, wenn die europäischen Staaten – die mit Syrien Handel trieben – ihre Außenminister auch in den syrischen Palazzo geschickt hätten! Ohne die Flüchtlinge, die übers Meer und die Gebirge in unsere Richtung strömten, wäre manchen Europäern das Ausmaß der Tragödie kaum aufgefallen. Alle ließen den syrischen Despoten gewähren. Für unsere Sache war die Ukrainekrise nicht irrelevant. Könnte sie die Kräfte der syrischen Schutzmacht Russland binden – wenigstens eine kritische Zeitspanne lang –, sodass die Machtverhältnisse sich verschoben? Schnell war absehbar, es würde sich keine Veränderung einstellen. Dafür waren Putins Ressourcen einfach zu unerschöpflich.

Während die Politiker den Fall Syrien weiter ad infinitum aus der Ferne debattierten und das Team unserer Kommission in

Genf unablässig unsere Berichte abtippte, waren die Nichtregierungsorganisationen (NGO) vor Ort, um wirkliche Hilfe zu leisten. Für unsere Zwecke waren die freiwilligen Helfer bedeutsame Informationsquellen – obgleich die Informationsbeschaffung sicherlich nicht zu ihren Aufgaben zählt. Das Rote Kreuz ist der Neutralität verpflichtet. Zwar verstanden wir unsere Kommission als ebenso unabhängig, doch die Nachfrage beim IKRK (Internationales Komitee vom Roten Kreuz), für uns Tatorte auszuspähen, erübrigte sich. Dass manche NGOs zögerten, uns ihr Wissen anzuvertrauen, hatte nichts mit der Furcht um die eigene Sicherheit zu tun. Vielmehr mussten sie dauernd damit rechnen, von ihren Standorten vertrieben zu werden – was sich folgenschwer auf ihre humanitäre Mission ausgewirkt hätte. Sie durften den politischen Goodwill nicht verspielen. Nicht staatliche Organisationen wie die Human Rights Watch (HRW) hingegen, die die Wahrung der Menschenrechte durch gezielte Öffentlichkeitsarbeit betrieb, prangerte Verstöße offen an und war durchaus gewillt, unserem Gremium umfangreiche Datensammlungen auszuhändigen. Die HRW-Mitarbeiter erwiesen sich als ausgesprochen wendig, sie waren schnell vor Ort, nahmen Daten auf, sammelten Informationen und standen mit beiden Seiten im Kontakt. Natürlich waren ihre Beschreibungen keine Beweismittel, die vor einem Gericht standhalten würden. Aber ihre Beobachtungen waren wertvolle Indikatoren für die Ermittler, die ihre Einvernahmen erst später vornehmen konnten. Um als Aussage für einen Strafprozess Bestand zu haben, waren die Zeugenaussagen der HRW mitunter nicht präzise genug. Ein professioneller Ermittler hakt nach, bis der Zeuge den Fall eindeutig und klar dargelegt hat, kein Detail unterschlagen wird und am Tathergang keine Zweifel mehr bestehen.

Kenneth Roth, Chef der Human Rights Watch, fragte uns im April 2014 schriftlich an, gemeinsam eine Anhörung zu veranstalten. Dort könnten wir unsere gemeinsamen Zeugen auftreten lassen, schlug er furios vor. Ich kannte Ken als einen energischen Mann der Tat. Er wollte den Geschichten ein Gesicht geben. Indem die Betroffenen selbst ins Rampenlicht traten, wäre für eine emotionale Berichterstattung in den Medien gesorgt. Ein vielversprechender und beherzter Vorschlag, wie ich fand. Paulo brauchte nicht lange zu überlegen. »Wir sind kein Tribunal«, stellte er nicht zum ersten Mal fest. »Es gilt die Unschuldsvermutung.« Die beiden anderen Mitglieder der Kommission waren seiner Meinung. Die Juristin in mir musste ihm beipflichten: die Präsumtion der Unschuld ist ein Grundprinzip eines Rechtsstaats. In einem Public Hearing würden die Opfer ihre Schuldvermutungen gegenüber Tätern äußern, die mit Abwesenheit glänzten. Als UN-Kommissärin hingegen hätte ich die Chance gern gepackt, den Druck auf den Sicherheitsrat zu erhöhen. Wir hätten die Zeugen anonymisieren können, wie wir das bisweilen in Den Haag getan hatten. Nach unserer Absage sah Ken Roth von der Sache ab. Auch er war Jurist.

Bis dahin hatte unsere Kommission schon über 5000 Zeugenbefragungen vorgenommen. Die Aussagen wurden nicht öffentlich gemacht, sie blieben gespeichert. Wir sicherten uns das Einverständnis der Informanten, ihre Angaben in einem späteren Tribunal verwenden zu dürfen. Die meisten sagten Ja. Und viele sagten uns zu, ihre Aussage vor einem Gericht zu wiederholen. Ich konnte die Menschen, die nicht zu diesem Schritt bereit waren, gut verstehen. Schließlich bewegten sich die Tatverdächtigen in ihrer Mitte. Der Zeugenschutz läge dann in der Verantwortung des Tribunals. Formelle Einvernahmen dürften wir vorlegen. Doch das Gericht würde die Transkripte der Gespräche, die via Skype oder schriftlich geführt worden waren, als Beweise nicht akzeptieren. Diese Menschen müssten in sich den Mut finden, ihren Peinigern Aug in Aug gegenüberzutreten. Mit Vertretern von Amnesty International (AI) setzten wir uns mehrmals zusammen. Treffpunkt war Beirut. Die Levanteküste war von Damaskus aus nur gerade 100 Kilometer entfernt. In der Hauptstadt des Libanon war Amnesty gut vernetzt. Die Non-Profit-Organisation setzte uns über Machenschaften der Kurden ins Bild. Deren Miliz nahm Menschen ohne jede Anklageerhebung in Haft. Sie steckte Militärzonen ab und vertrieb Zivilisten von Haus und Hof, um dann ihre Heimstätten systematisch abzubrennen. Die Amnesty-Mitglieder konnten belegen – und sie erhofften sich von diesen Unterredungen, dass dies in unsere Berichte einfließen würde –, dass die Kurden rund 100 Kinder zum Kampfeinsatz nötigten, mit dem Einverständnis ihrer Familien. Wir ließen uns die Beweise der AI für militärische Ausbildungszentren zeigen, in denen die Minderjährigen für den Krieg gedrillt werden. Die NGOs ließen nichts unversucht, auch zu den Terrorgruppen Kontakte herzustellen. Doch dahingehend waren die nicht staatlichen Organisationen ebenso erfolglos wie wir. Und nachdem die ISIS die Zufahrtsrouten kontrollierte, wurde es immer gefährlicher, humanitäre Hilfe ins Land zu bringen.

Diese parteipolitisch neutralen, nationalitätsübergreifenden und alle Religionsgrenzen überwindenden Hilfseinrichtungen taten in meinen Augen mehr, um die Not zu lindern, als die meisten Politiker. »Ärzte ohne Grenzen« unterhielt mehrere Krankenhäuser, in den Gebieten der Opposition brachten sie mobile Kliniken zum Einsatz (2014 wurden fünf Mitarbeiter festgehalten und erst nach Monaten auf freien Fuß gesetzt). Die meisten der 150 Gesundheitszentren, die von diesen selbstlosen Medizinern betrieben wurden, fanden sich in den belagerten Gebieten. »Ärzte der Welt« leistete Notfallhilfe, stellte die medizinische Grundversorgung sicher. Diese NGO betrieb seit April 2016 sieben Kliniken in der Provinz Idlib. Unter dem Namen »Cap Anamur« führten deutsche Notärzte zwei Polikliniken, in denen jeden Monat 7000 Menschen behandelt wurden. Dazu unterstützten sie mehrere Untergrundkliniken mit Versorgungsmaterial. Wirksame Hilfe kam auch aus der Schweiz: Seit 2012 leistete die Caritas Nothilfe und langfristige Unterstützung. Nach Syrien und in die Nachbarländer flossen 36 Millionen Franken. Im Libanon förderte die Caritas die Bildung von Flüchtlingskindern, in Jordanien schuf sie Einkommensmöglichkeiten für Flüchtlinge, um ihnen wieder auf die Füße zu helfen.

Die Bündnispartner der »Welthungerhilfe« lieferten das Nötigste in die Notunterkünfte. Die »Grünhelme« hatten John F. Kennedys Peace-Corps-Idee aufgenommen. In dieser Organisation fanden junge Muslime und Christen zusammen. Als drei ihrer Mitarbeiter entführt wurden, mussten sie die Hilfe unterbrechen. Doch zuletzt konnten sie ein gespendetes Wohnmobil zu einer fahrbaren Zahnarztpraxis ausbauen, die nun in den umkämpften Gebieten unterwegs ist. Unnötig zu erwähnen, dass alle diese freiwilligen Helfer im Krieg selbst Leib und Leben aufs Spiel setzten.

Und was war aus der UNSMIS (United Nations Supervision Mission in Syria) geworden, der Beobachtermission der UN? Wie schon erwähnt, war im April 2012 ein Kontingent der Blauhelme entsandt worden, das mehrfach aufgestockt wurde.

Unbewaffnet sollten sie die Waffenruhe überwachen. Doch die Waffen wollten einfach nicht ruhen. Sie wurden sogar gegen die Blauhelme gerichtet. Regierungstruppen hatten bei mehreren Gelegenheiten UN-Transporter beschossen und zerstört. Zwei Monate nach Antritt der Friedenssoldaten mussten sie ihre Patrouillen einstellen. Durch eine Resolution des Sicherheitsrats wurde das Mandat der Beobachter bis August 2012 verlängert. Noch vor Ablauf dieser Frist zog die UNSMIS ihr Personal aufgrund der sich laufend verschlechternden Sicherheitslage zurück. So endete um Mitternacht vom 19. August 2012 die UN-Friedensmission. Assad ließ es sich nicht nehmen, in einem Interview den Einsatz der UN-Friedenstruppe zur Unmöglichkeit zu erklären: Eine Waffenruhe könne nur zwischen zwei Staaten bestehen, erläuterte er, in diesem Fall aber handle es sich um den Staat Syrien auf der einen und terroristischen Gruppen auf der anderen Seite. Dass die UN ein Abkommen mit den Terrorgruppierungen schließen könne, sei demnach »äußerst unlogisch«.

Anscheinend bevorzugte der Machthaber eine Situation wie jene zwischen Syrien und Israel, die sich seit 1974 offiziell im Kriegszustand befinden. An der dortigen Demarkationslinie überwachten Blauhelme seit 1974 die Einhaltung des Waffenstillstands. Seit Ausbruch des syrischen Bürgerkriegs brachen sowohl die Rebellen wie auch die Regimetruppen immer wieder in die vereinbarte Pufferzone ein. Im September 2014 schließlich mussten die Blauhelme mehrere Positionen im Niemandsland zwischen Syrien und Israel aufgeben. Die Al Nusra brachte den Übergang zu dem von Israel kontrollierten Teil der Golanhöhen in ihre Gewalt und verschleppte 45 UN-Soldaten. Weitere eingekesselte Blauhelme konnten sich nach mehreren Tagen aus der Umzingelung der Extremisten freiringen. Nach rund zwei Wochen in den Händen der radikalen Islamisten kamen die 45 Blauhelme wieder frei.

Heute denken europäische Politiker laut über eine weitere Blauhelm-Mission der UN in Syrien nach. Die Bevölkerung solle unter dem Dach der Vereinten Nationen geschützt werden. Die Rede ist allerdings nur von einem Einsatz nach Beendigung des Bürgerkriegs.

»Wollt ihr sie haben?«

Wenn wir Aufständische aufforderten, uns Verbrechen des Regimes zu beschreiben, sprudelte es nur so aus ihnen heraus, anfänglich wenigstens. Dann versiegten diese Quellen. Mitglieder von Oppositionsgruppen wurden einsilbiger, verschlossener. Der Grund lag auf der Hand: Auch sie hatten sich Menschenrechtsverletzungen zuschulden kommen lassen. Je länger dieser Krieg dauerte, desto mehr verstrickte sich jede Partei in Widersprüche, um die eigenen Kriegsverbrechen nicht zugeben zu müssen.

In Genf hatte ich Gelegenheit, einer Frau auf den Zahn zu fühlen, die für die Rebellen gekämpft hatte. Sie machte Anschuldigungen, die nicht zu belegen waren. Aber sie hielt meinen Nachfragen nicht stand, ihre Aussagen wurden zunehmend unglaubwürdiger. Schließlich erhob sie sich entnervt: »Sind Sie ein Mitglied einer UN-Kommission oder sind Sie eine Strafanklägerin?« Wir stellten bei mehreren Gelegenheiten fest, dass die Aussagen der Regierungsgegner zwar einen wahren Kern besaßen, der jedoch von einem hinzugedichteten Mantel umhüllt war.

Am persischen Golf bot sich endlich die einmalige Gelegenheit, einen der führenden Köpfe des Regimes einzuvernehmen. Wir hatten ihm Schutz zugesichert, weshalb die Anonymität von X. auch in diesen Zeilen gewahrt bleiben soll. Nur so viel: Er hatte sich von seinem früheren Förderer Assad abgewandt und sich nach Jordanien abgesetzt, als ihm der Boden zu heiß wurde (das syrische Staatsfernsehen, Assads wichtigstes Propagandainstrument, beeilte sich »richtigzustellen«, X. sei »entlassen« worden). Nach seinen eigenen Angaben hatte die FSA ihm die Flucht ermöglicht. X. hatte sich – wenn auch nur kurz – im inneren Zirkel der Macht bewegt. Er könnte uns aus erster Hand bescheinigen, ob Assad persönlich Befehle für Massentötungen erteilte.

Der Überläufer, nun ein williger PR-Zeuge der Opposition, erläuterte in Interviews, die syrische Führung sei militärisch, wirtschaftlich und moralisch zusammengebrochen. Natürlich ließe sich daraus auch schließen, dass X. seine Schäflein zeitig ins Trockene gebracht hatte. Ihm winkte ein Chefposten in der Opposition, die sich zu diesem Zeitpunkt noch auf der Siegesstraße wähnte. Als Ex-Vertrauter von Assad wurde X. herumgereicht wie ein Wanderpokal, westliche Hauptstädte empfingen ihn als Freund. Um der Wahrheit die Ehre zu geben, ich hielt ihn für einen Karrieristen der Baath-Partei, in der er das Amt eines hohen Funktionärs bekleidet hatte. Als ich ihn für das Gespräch unter vier Augen in mein Hotel bat, war er von seiner dramatischen Flucht schon sichtlich erholt und in seinem neuen Leben angekommen, das ihm von Katar finanziert wurde.

Als Zeuge hingegen erwies er sich als wertlos. Er hatte nichts zu berichten. Oder wollte er sich nicht selbst belasten? X. nahm an, dass der Sturz seines Ex-Chefs nicht mehr lange auf sich warten lassen würde. Ich hakte mehrmals nach, doch der Mann, der immerhin einer von Assads wichtigsten Ministern gewesen war, hatte nichts anzubieten. Ich wollte schon frustriert aufgeben, als er mir ein Papier aushändigte. Es war Gold wert! Ein Organigramm von Assads Machtgefüge. Auf dem Papier sah es aus wie die Hierarchie eines weitverzweigten Konzerns. Fein säuberlich

– 132 –

dargestellt war die Aufbauorganisation des Regimes, mitsamt der Verteilung der Pflichten unter den Polizeidiensten, dem militärischen Geheimdienst und all den verästelten Unterabteilungen – und vor allem standen dabei die Namen der Personen in den Führungspositionen. Damit hatte X. uns einen großen Dienst erwiesen. Ich gebe zu, er wurde mir dadurch nicht sympathischer. Denn seine Motivation, uns dieses Dokument in die Hände zu geben, war mir genauso klar: Das Organigramm sollte Assad und seine Ex-Kollegen schneller aus dem Weg räumen. Doch so schnell ging sein Plan nicht auf, da Assads Streitkräfte wider Erwarten die Oberhand gewannen, und X fürchtete zu Recht um sein Leben. Unmittelbar nach der Einvernahme wurde er an einen anderen geheimen Ort gebracht. Er musste seinen Aufenthaltsort alle zwei Wochen wechseln.

Das einzige andere Mal, dass man uns Schuldige quasi auf dem Präsentierteller anbot, war im Irak. Die kurdische Miliz war zweier ISIS-Kämpfer habhaft geworden. »Wollt ihr sie haben?«, fragte einer der Peschmerga, als böte er auf dem Markt Feigen an. »Ihr könnt sie haben!«, beantwortete er sich die Frage gleich selbst. Mit so einem Angebot hatten wir nicht gerechnet. Das war in Sulaimaniyya, in einem Fünf-Sterne-Hotel – was man im Irak unter einem Fünf-Sterne-Hotel verstehen kann. Wir hatten die gesamte Touristenherberge für uns – es gab keine anderen Gäste. Die Stadt liegt in der Autonomen Region Kurdistan, bei Erbil und Kirkuk. Wir waren nach Sulaimaniyya ausgewichen, weil kurz davor die ISIS vor dem US-Konsulat in Erbil eine Autobombe gezündet hatte, was mehrere Tote zur Folge hatte, und darum waren unsere Sicherheitsleute verständlicherweise noch etwas nervös. Selbstverständlich wussten die Geheimdienste über jeden unserer Schritte Bescheid.

Wir arbeiteten schließlich nicht verdeckt, und unsere Ankunft wurde oft von den örtlichen Medien verfolgt. Jedenfalls ist es schon eine eher surreale Situation, in einem Hotel, das den im Westen üblichen Luxus wie Fitnessraum, Spa und natürlich W-LAN aufwies, zwei gefangene Terroristen angeboten zu bekommen, als handle es sich um eine kleine Aufmerksamkeit der Hoteldirektion.

Soviel ich verstehen konnte, waren die ISIS-Männer den Kurden bei den heftigen Kämpfen um die nordsyrische Stadt Kobane in die Hände gefallen. Die Peschmerga sollte schon bald ihre Flagge auf einem Berg nahe der strategisch wichtigen Stadt hissen. Bis dahin schmachteten die Terroristen im kurdischen Kerker. Unsere Kommission beriet das freundliche Angebot flüsternd. *Wollt ihr sie haben?* Natürlich! Für mich gar keine Frage. Zwei Mitglieder der Terrormiliz, die bestimmt einiges auf dem Kerbholz hatten, und die Kurden hatten so viel Anstand, sie nicht standrechtlich zu erschießen, sondern sie einem Gericht auszuliefern. Und nicht nur das: Die Kurden konnten die beiden belasten, in Kobane Zivilisten ermordet zu haben. Nachdem ich stundenlang mit den Peschmerga-Männern gesprochen hatte und überzeugt war, die Beweise waren ausreichend, übergab ich die Unterlagen unserem marokkanischen Analysten – ein guter Mann, der seine Sache verstand.

Das war das erste Zeichen dafür, dass die Justiz Fuß fassen konnte! Wir könnten eine Anklageschrift vorbereiten, wir könnten ein Tribunal hier in der Autonomen Region Kurdistan errichten, eiferte ich mich – erst der strenge Blick unseres Präsidenten brachte mich zum Schweigen. Der Marokkaner musste Pinheiro beipflichten: »Wir haben nicht genug in der Hand.« Er zweifelte, dass die Gefangenen Zivilisten getötet hatten. Und sicher seien die beiden von den Kurden gefoltert worden. Die anderen Kommissäre gaben zu bedenken, die Kurden könnten sich einen politischen Vorteil ausrechnen, wenn wir offiziell zwei Gefangene in Gewahrsam nähmen, um sie einem Gericht zu überstellen. »Darum geht es doch nicht«, schnappte ich, »wir erheben Anklage und sehen, was wir noch gegen sie ausgraben können.« Einen Moment lang hatte in Sulaimaniyya das Pendel der Gerechtigkeit in die Richtung der Justiz ausgeschlagen. Ebenso schnell schwang es wieder zurück. Paulo schlug das großzügige Angebot aus, und die Sache verlief im irakischen Sand. Was die Kurden daraufhin mit ihren zwei Gefangenen anstellten, entzieht sich meiner Kenntnis.

Das Treffen mit den Peschmerga-Führern war aber auch sonst ergiebig. Sie schienen unsere Ermahnungen ernst zu nehmen, nicht zu denselben Mitteln wie der Feind zu greifen. Wir hielten mit unserer Kritik, dass sie schon ihre Kinder in die Schützengräben schickten, nicht hinterm Berg. Schließlich mussten wir unparteiisch bleiben. Zu einem Follow-up der Gespräche mit den Anführern der Kurden-Miliz kam es nie.

In Sulaimaniyya wurden wir kurdischen Kämpferinnen vorgestellt, die soeben vom Fronteinsatz zurückkamen. Soldatinnen in Camouflage. Die Tarnfarben standen ihnen nicht schlecht, fand ich. Hübsche Gesichter. Kein Make-up. Und lange Haare. Die Haare waren wichtig. Die Islamisten sollten sehen, dass *Frauen* gegen sie kämpften. Ein ISIS-Krieger, der von einer Frau getötet wird, hat seinen Eintritt ins Paradies verspielt. Die Kurdinnen hatten sich freiwillig zur Front gemeldet. Über ihre Motive sprachen wir nicht. Wer weiß, vielleicht hatten sie Ehemänner oder Brüder verloren. Jetzt brannten sie darauf, es der ISIS mit gleicher Münze heimzuzahlen. Sie berichteten uns, dass sie militärisch adäquat ausgebildet und ausgezeichnet organisiert seien. Wir hörten uns fasziniert die Beschreibung ihrer Taktiken an. In einigen Tagen würden sie wieder über die Grenze gehen, wo scharf geschossen wurde. Eine in der Gruppe, eine hochgewachsene mit langem Pferdeschwanz, führte sogar eine Gruppe männlicher Kämpfer an. Freilich dämmerte uns bei ihren Frontgeschichten, auch diese zierlich anmutenden Frauen waren zu Verletzungen der Menschenrechte fähig. In diesem Überlebenskrieg war die Genfer Konvention nicht mehr das Papier wert, auf das sie geschrieben stand.

Diese Soldatinnen kämpften bei Kirkuk, nun hatten sie sich eine Kampfpause verdient. Die Schwestern der Peschmerga, sie mochten zwischen 18 und 28 Jahre alt sein, machten großen Eindruck auf mich. Weil sie mit hohem Einsatz spielten. Wir wussten bereits, was Männern geschehen konnte, die dem Feind lebend ausgeliefert waren. Aber Frauen? Ihnen würde bei Gefangennahme eine unbeschreibliche Tortur bevorstehen. Man würde sie zu Tode vergewaltigen. Diese Frauen hatten eine deutliche Anweisung erhalten: Sie durften um keinen Preis in Feindeshand fallen. Sie wären willkommene Beute dieser Raubtiere. Man kann sich selbst ausmalen, was ein so fatalistischer Befehl in der Realität des Kriegs bedeutete. Eine gnädige Kugel ist besser als die Gefangennahme. Was Frauen in diesem Krieg angetan werden konnte, hatten wir in individuellen Fällen bereits aufgezeigt.

Zu Vorfällen von sexueller Gewalt standen im Bericht vom 5. Februar 2013 41 Interviews. Auf Aussagen, die sich nicht verifizieren ließen, verzichteten wir stets. Vergewaltigungen sind, aufgrund des kulturellen und religiösen Umfelds, besonders schwer zu belegen. Beschmutzt wird nicht nur die Ehre der Frau, sondern die ihrer ganzen Familie. Ihr droht die soziale Ausgrenzung, denn das Konzept von Ehre und Scham basiert auf der weiblichen Jungfräulichkeit vor der Ehe und dem Treuegelöbnis. Mehrere unserer Informanten äußerten die Ansicht, für ein Mädchen in Gefangenschaft sei die Schändung schlimmer als der Tod. Tatsächlich nahmen sich mehrere betroffene Frauen das Leben (noch seltener meldeten sich männliche Vergewaltigungsopfer, obwohl wir Kenntnis von dieser gängigen Verhörmethode bei Männern hatten). Auch NGOs und Hilfsorganisationen nannten Angst vor Notzucht einen der häufigsten Fluchtgründe.

Nach unserer Erfahrung dauerte es Monate, manchmal Jahre, bevor Frauen uns ihre Vergewaltigungen dokumentieren ließen. In den Haftanstalten des Regimes war sexuelle Gewalt Bestandteil der Verhörtechnik. Eine Frau, eingesperrt in Deir ez-Zor, wurde 2015 vom dortigen Vorsteher des militärischen Geheimdiensts brutal vergewaltigt. Bei anderer Gelegenheit tränkte er sie in Wasser, um dann Stromstöße durch ihren Körper zu jagen. Dafür hatte er Elektroden an ihren Brüsten befestigt. In unserem Bericht vom 11. August 2016 wiederholten wir die Aussage eines Vergewaltigungsopfers: »Ich habe das Gefühl, alles verloren zu haben. Meine Arbeit und meinen Besitz. Und ich habe meine Ehre verloren.«

Im Bericht vom 19. November 2014 zitierten wir einen Gewährsmann aus Ar-Raqqa: »Eine 19-jährige Universitätsstudentin beging Selbstmord, weil ihre Eltern sie gezwungen hatten, einen ISIS-Terroristen zu heiraten. Viele Familien verheiraten ihre Töchter, um so die Miliz zu beschwichtigen und selbst nicht in Furcht leben zu müssen.« Die ISIS behandelte Frauen wie Kriegsbeute. Der Scharia gemäß sollten sie unter ihren Kämpfern aufgeteilt werden. In den Gebieten, die unter ihrer Kontrolle standen, verlangten sie sunnitische Frauen zur Ehelichung. Ende August 2016, in einem Dorf der Idlib-Region, wurde eine Frau von Salafisten der Al-Nusra-Front angeklagt, außereheliche Beziehungen zu unterhalten. Man ergriff sie im Haus eines Unverheirateten, mit dem sie sich eingelassen hatte. Sie wurde ohne Anhörung direkt zur Stätte ihrer Steinigung gebracht. Als ihre Familie informiert wurde, verzichtete diese darauf, die Leiche der »entehrten Frau« abzuholen. Vielmehr unterstützte die Opferfamilie das Urteil, um ihre eigene Ehre wiederherzustellen (der unverheiratete Mann wurde mit einem Pistolenschuss hingerichtet).

Wir erfuhren von der Exekution einer weiblichen Kurden-Kämpferin Mitte September in Ar-Raqqa. Bevor er ihr die Kehle aufschlitzte, prahlte ihr vermummter Henker vor dem Publikum: »Drei Monate hat sie gegen uns mit den *kuffar* gekämpft, und nun werden wir ihr den Kopf abschneiden, damit ihr euern Kindern und Nachbarn vom Ende der Ungläubigen berichten könnt.« Als ich den schriftlichen Bericht las, hoffte ich zu Gott, es möge nicht die Große mit dem langen Pferdeschwanz gewesen sein.

Ich bin nicht als besonders ängstlich bekannt. Aber wenn es sich irgendwie einrichten lässt, bleibe ich lieber außer Schussweite, abgeschirmt von Sicherheitskräften. Einige Zeit nach diesem Treffen mit den heroischen Soldatinnen wurde mein eigener Mut auf die Probe gestellt. Wir waren in einem kleinen irakischen Dorf nahe der syrischen Grenze untergebracht, und es dämmerte. Langsam schwoll das Dröhnen von Flugzeugen an, man konnte in den Fußsohlen die entfernten Aufschläge von Bombenabwürfen spüren. Unmöglich zu sagen, ob die Bomber sich in unsere Richtung bewegten, unmöglich vorauszusagen, ob sie ihre Last in unserer Nähe entladen würden und ein

Sprengkörper sich in die Nachbarschaft unseres Hotels verirren könnte – nur eines wusste ich mit Sicherheit: Vor drei Wochen hatte ich mit dem Rauchen aufgehört, litt unter dem Entzug des Nikotins, und die Vorstellung, unglücklich, ohne eine Zigarette zwischen den Lippen aus dem Leben zu scheiden, war mir unerträglich. Irgendwo in diesem Gastbetrieb musste doch Rauchzeug aufzutreiben sein! Ich steckte mir eine einheimische Zigarette an, zufrieden mit mir, eine Entschuldigung gefunden zu haben, mein Laster wieder aufzunehmen. Unnötig zu erwähnen, dass die Flugzeuge nicht in unsere Nähe kamen.

Unsere Reisen führten uns auch nach Kairo. Die Stadt hatte sich verändert, seit ich das letzte Mal hier war. Sonst wartete eine lange Schlange auf Einlass ins ägyptische Museum – jetzt war der Platz wie leergefegt, und durch die größte Stadt der arabischen Welt ratterten gepanzerte Kettenfahrzeuge. Militärische Posten waren mit Stacheldraht und Sandsäcken befestigt. Unser Wagen wurde auf Haftbomben überprüft, mit Spiegeln sahen sich Uniformierte die Unterseite des Autos an. Nicht, um Zutritt zu einem Regierungsgebäude zu bekommen – schon um nur ins Hotel zu kommen. Wir nahmen einen Termin im Außenministerium wahr. Während draußen keine Frau ohne Verschleierung anzutreffen war, kleideten sich in den politischen Büros die Sekretärinnen nach westlichem Vorbild, sie trugen Minirock und Make-up. Um eine lange Geschichte kurz zu machen: Als wir im Juni 2015 zu einem zweiten Besuch in Kairo eintrafen, wurden wir nicht mehr empfangen. Das politische Klima hatte sich getrübt. Die Ägypter maßen unserem Gremium keinerlei Bedeutung mehr zu. Westliche Staaten hatten ihrerseits die syrischen Diplomaten längst ausgewiesen. Es wurde nicht einfacher, willige Gesprächspartner zu finden.

– 139 –

Die Russen hatten nicht vergessen, dass ich als Bundesanwältin im Umfeld ihres Ex-Präsidenten Boris Jelzin ermittelt hatte. Die Presse hatte die Untersuchung von Geldwäsche und Korruption damals als »Russia-Gate« betitelt. Ein Hauptbelastungszeuge hatte mich anschließend sogar wegen fahrlässiger Gefährdung seines Lebens verklagt. Ich war also, wie man so schön sagt, *persona non grata* und durfte bei unserer Reise nach Moskau keine Freundlichkeiten erwarten. Mein diplomatischer Pass schützte mich nicht vor den Angriffen der Presse, die lieber den alten Fall aufwärmen wollten, statt über die aktuellen Gründe zu berichten, die uns in ihre Hauptstadt führten: Seit dem 30. September 2015 griff Russland aufseiten Assads in den Bürgerkrieg ein. Wladimir Putin hatte seine Luftstreitkräfte zum Einsatz gebracht. Nach eigenen Angaben sollten sie die ISIS niederschlagen. Nach Angaben von Menschenrechtsorganisationen ereilte der Tod aus der Luft nicht nur die Terroristen, sondern ebenso die moderate Opposition sowie unbeteiligte Zivilisten (die syrische Beobachtungsstelle für Menschenrechte bezifferte im Februar 2016 die Zahl der durch russische Flugzeuge getöteten Zivilpersonen auf 1700). Ich hatte also einmal mehr unangenehme Fragen im Kreml zu stellen.

Versehentliche Opfer oder nicht – dies galt es abzuklären. Wir wurden zum General vorgelassen, der die Luftschläge kommandiert hatte und ungenannt bleiben soll. Keine Maus hätte unbemerkt durch die scharfen Kontrollen ins militärische Hauptquartier gelangen können. Weitere Militärs seines Stabs flankierten ihn in ihren schmucken Paradeuniformen. Der General war überraschend zuvorkommend und demonstrierte uns auf dem Bildschirm die Aufzeichnungen der Angriffe aus der Vogelperspektive, er gab uns auch Einblick in die Anflugpläne.

Der Tod von Zivilisten war bedauerlich, natürlich, aber nicht zu umgehen, sagte der Russe in jenem militärischen Tonfall, in dem alle hohen Militärs in jeder Armee der Welt bedauerliche Kollateralschäden als Preis für den Sieg erklären. Er rief uns ins Gewissen, dass wir auch die Zivilopfer akzeptiert hätten, die durch die Amerikaner verursacht wurden. »Nun akzeptiert auch die unseren!« Wir mussten uns von seinem Kartenmaterial überzeugen lassen, dass diese Zivilisten durch ungewolltes Zutun der Russen zu Schaden gekommen waren. Am nächsten Tag sollten wir beim Minister des russischen Außendepartements vorsprechen. Er hatte uns seinen Stellvertreter vorgesetzt, um sich selbst wichtigeren Aufgaben zu widmen. Der wortgewandte Mann konnte mühelos Stunden damit zubringen, die hohen Räume bis zu ihren mit Stuck besetzten Decken mit Worten zu füllen.

Dank russischer Schützenhilfe war Assad wieder im Aufwind, konnte sich sogar die altrömische Stadt Palmyra zurückholen, um deren Vorherrschaft er mit der ISIS zwei Jahre lang gerungen hatte. In unserem Bericht vom 10. März 2017 richteten wir unser Augenmerk auf die Vernichtung der Kulturgüter der syrischen Weltkulturerbstätte. Die antike Stadt war im Mai 2015 den Terroristen zugefallen. Sie legten viele der archäologischen Schätze in Trümmer. Im Römischen Amphitheater führten die Dschihadisten ihre Hinrichtungsorgien auf. Im März 2016 eroberte das Regime die Stadt zurück. Doch im Dezember nahm die Gegenseite Palmyra erneut ein. Im darauffolgenden März vertrieb Assad die Feinde einmal mehr. Bis dahin war das reiche kulturelle Erbe bis auf seine Grundmauern abgeschliffen. An den Eingang des 2000 Jahre alten Baaltempels hatten die Dschihadisten geschrieben: »Islamischer Staat«. Sie hatten Tempel und Triumphbogen auf Gesteinsbrocken reduziert. Im Nationalen Museum hatten sie die Büsten geschmückter Frauen geköpft. Hier hatte ihr Scharia-Gericht getagt, hier hatten ihre Richter Recht gesprochen. Bevor die Terrormiliz abzog, verminte sie das Gelände mit 4500 Sprengsätzen.

Dass Russland den syrischen Regimetruppen seine Unterstützung zukommen ließ, brachte Bewegung in die militärische Pattsituation, die drei Jahre gedauert hatte. Als Aleppo Haus um Haus aus dem Griff des Widerstands befreit wurde, begann sich das Blatt für Assad zu wenden. Die gezielten Luftangriffe trieben die Aufständischen schließlich aus der Stadt. Weitere Luftschläge unterbanden zum Jahresbeginn 2016 den Nachschub der Rebellen aus der Türkei. Der militärische Sieg kostete jedoch wiederum einige Kriegsverbrechen. Wie uns zur Kenntnis gebracht wurde, war in Ost-Aleppo Streumunition zur Anwendung gekommen, ob von syrischen oder russischen Piloten – oder von beiden – blieb unklar.

Während Syrien das Übereinkommen über das Verbot oder die Beschränkung des Einsatzes von konventionellen Waffen, die übermäßige Leiden verursachen, nie unterzeichnet hatte, war es von Russland schon 1982 ratifiziert worden. Ein Bewohner beschrieb uns, wie solche Behälter direkt über seinem Wohnquartier abgeworfen wurden. Sie streuten metallene Kugeln in einem Radius von 200 Metern. Die Submunition, die nach dem Abwurf in zahlreiche kleinere Sprengkörper zerfällt, vermint anschließend das Gebiet. Der kriegsverbrecherische Gebrauch ließ sich anhand von Aufnahmen und Forensik belegen. Im Kriegstagebuch des Bürgerkriegs – falls jemand ein solches führte – wahrscheinlich nur eine Fußnote: 25. September 2016: lebensbedrohende Begegnung eines syrischen Bürgers mit Streumunition. Nichts, was die Staatengemeinschaft noch besonders aufregen würde. Doch nur wenige Tage zuvor war ein UN-Konvoi mit derselben Munition unter Beschuss genommen worden.

Die Vernichtung von Hilfsgütern und der Tod von Helfern des syrischen Roten Kreuzes und UN-Mannschaften ließ die Welt erneut aufhorchen. Uns ebenfalls. Denn die Urheber des feigen Angriffs sollten festgestellt werden.

Wer trug die Schuld
am Luftangriff?

Als alles vorbei war, lagen 14 Tote am Boden und ein Hilfstransport stand in Flammen. 17 Lastwagen, die Hälfte eines UN-Konvois, beladen mit Lebensmitteln, Medikamenten, Kinderkleidern und anderen Hilfsmitteln für 78 000 Menschen in Aleppo: vernichtet. Selbst in einem Krieg wie diesem war der schonungslose Angriff vom 19. September 2016 unfassbar.

Die 15 Verletzten waren kaum geborgen, da wurde die Katastrophe zum politischen Störfall. Ohne Verantwortliche zu nennen, hatten Fachleute der UNO geäußert, es habe sich um eine Bombardierung aus der Luft gehandelt. Weniger als zwei Wochen zuvor hatten der US-Außenminister John Kerry und sein russischer Amtskollege Sergej Lawrow eine Waffenruhe ausgehandelt – nun schien die diplomatische Lösung ferner denn je. Washington erklärte ohne Umschweife, Moskaus Jets hätten den Transport angegriffen. Der Kreml bestritt vehement eine russische Mitschuld wie auch eine Beteiligung vonseiten des syrischen Verbündeten. Die Russen warfen ihrerseits den Amerikanern vor, den Vorfall »schamlos für einen Informationskrieg auszunutzen«. Das russische Verteidigungsministerium prüfte Videoaufnahmen und erklärte vor der Welt, die Wagenkolonne sei nicht von Bomben getroffen worden – es seien ja nicht einmal Bombentrichter zu sehen. Alles eine Folge eines »Brandes«, so die etwas lückenhafte Erklärung.

In den Tagen unmittelbar nach der Katastrophe änderte die UNO den Begriff »Luftangriff« in »Angriff« auf Betreiben der Russen hin, denn »Luftangriff« komme einer Vorverurteilung gleich. Und die Internationale Gruppe zur Unterstützung Syriens verbreitete sogar ihre Ahnung, es handle sich um eine »Inszenierung« der Rebellen. Widersprüchliche Meldungen gab es auch zu einer angeblichen Drohne, die vor den Explosionen aufgestiegen war. Während die Russen anfänglich erklärten, dass auf den Drohnenaufnahmen ein Fahrzeug der Terroristen zu sehen sei, das den Konvoi flankiere, revidierten sie ihre Aussage später: Es habe sich um eine Drohne des Predator-Typs gehandelt – also um ein unbemanntes Flugzeug der US-geführten Koalition. Der »Angriff« ginge damit auf Kosten des Westens. Die UNO änderte wiederum den Wortlaut des »Luftangriffs«, als das Satellitenbeobachtungsprogramm UNOSAT keine Zweifel an einem Luftschlag ließ. Die Satellitentechnik ließ entsprechende Einschussstellen erkennen. Offenbar hatten die Russen die Fahrzeuge mehrere Stunden nachrichtentechnisch beobachtet.

Nachdem der Rauch sich verzogen hatte und die Politiker sich anderen Themen zuwandten, um die sie sich zanken konnten, nahm unsere Kommission die Ermittlungen auf. In unserem Bericht vom 2. Februar 2017 hatten wir folgende Fakten recherchiert:

Der Angriff vom 19. September begann kurz nachdem das Oberkommando der syrischen Armee das Ende der Waffenruhe erklärt hatte (die seit 12. September galt). Die 31 Trucks hatten ein von der Regierung kontrolliertes Gebiet durchquert, mit deren Wissen und ausdrücklicher Erlaubnis. Der Konvoi erreichte am frühen Nachmittag ein Lagerhaus in einem Ort nahe Aleppo, der in der Hand bewaffneter Aufständischer war. Da im Lagerhaus nicht alle Lastwagen untergebracht werden konnten, wurden einige entlang der Straße abgestellt. Mehrere Personen gaben an, dass Rebellen diese Straße für ihre Fahrten benutzten. Jedoch habe keines ihrer Fahrzeuge wie behauptet den Konvoi begleitet. Um 13.30 Uhr wurde mit dem Entladen der Wagen begonnen, als am Himmel Flugzeuge zu sehen waren. Die Helfer – sie waren nicht über das Ende der Kampfpause informiert – führten ihre Arbeit fort. Als etwa um halb sieben die Sonne unterging, warnte eine Durchsage auf Walkie-Talkie, dass sich Flugobjekte näherten. Tatsächlich sahen die Menschen am Boden bald darauf, dass Kampfhelikopter das Lagerhaus ansteuerten. Um 19.10 begann der Angriff aus der Luft. Er wurde in drei Wellen durchgeführt: Zuerst entluden Helikopter ihre tödliche Fracht von Fassbomben. Das Lagerhaus wurde getroffen, ebenso ein privates Wohnhaus daneben. Als Menschen den Verletzten zu Hilfe eilen wollten, kehrten die Helikopter mit einer weiteren Fassbombe zurück. Darauf erschienen Flugzeuge, die von Zeugen als Suchoi-Jets beschrieben wurde – moderne russische Mehrzweckflugzeuge. Ihr Angriff kostete weitere Helfer das Leben. Schließlich bestrichen die Flugzeuge das Gelände aus ihren Bordkanonen. Die Überlebenden versuchten panisch, in der Dunkelheit Deckung zu finden. Kaum jemand entging dem 30-minütigen Kugelhagel unverletzt.

Die Leichen, die danach geborgen wurden, waren übel zugerichtet. Die Splitter und Bombenüberreste – an solchen fehlte es unseren Forensikern nicht – stammten von Munition, die für den Angriff auf ungepanzerte Fahrzeuge und ihre Mannschaften hergestellt wird, und von Nadelgeschossen, die leichte Panzerung zu durchdringen vermögen. Die Munition stammte aus der Sowjetunion und stand der syrischen Air Force zur Verfügung. Der Gebrauch von Submunition (sie springt nach dem Abwurf aus dem Behälter und schwebt an Fallschirmen ins Zielgebiet), ebenfalls russischen Ursprungs, deutete gleichfalls darauf hin, dass die Munition passend für dieses Ziel geladen worden war. Die forensischen Beweise und die Satellitenaufnahmen ließen uns nicht daran zweifeln, dass die syrische Luftwaffe den Angriff geflogen hatte.

UN-Generalsekretär Ban Ki-moon bezeichnete das Blutbad als widerlich, die Helfer als Helden, und ihre Mörder als Feiglinge. Die UN stellte per sofort alle Hilfstransporte nach Syrien ein. Russland sah in naher Zukunft keine Möglichkeit, die Waffenruhe wieder aufzunehmen, solange die Angriffe von Rebellen auf die syrische Armee nicht aufhören würden. Nach Veröffentlichung des Berichts wurden Vertreter der russischen Botschaft bei uns vorstellig. Sie wollten Gegenbeweise vorlegen, die unsere Folgerungen negieren sollten. Doch unsere Militärexperten zerpflückten die russischen Belege.

Die Beweislast für den Einsatz russischer Munition war einfach zu erdrückend. Wir hatten in der Kommission darüber abgestimmt, ob wir den Lieferanten der todbringenden Geschosse nennen sollten. Und einmal, einmal nur, konnte ich eine Mehrheit der Kollegen überzeugen (Paulo stimmte als Einziger dagegen). Am Ende des Tages allerdings, das muss ich Paulo zugestehen, behielt er recht: Die Russen weigerten sich künftig, uns zu empfangen. Ihre Trotzreaktion darauf, der Gehilfenschaft bezichtigt zu werden, kostete uns ihre Mithilfe auf der politischen Bühne. Ganz nach dem Sprichwort der russischen Fabel vom Wolf und dem Lamm: »Der Starke gibt dem Schwachen stets die Schuld.«

Wir hatten auch die Befehlskette des Konvoi-Angriffs aufgerollt, von den Bomberpiloten über die Geschwaderführer bis zu ihrem Oberkommandierenden, Baschar al-Assad. Wer würde dereinst auf der Anklagebank in Den Haag sitzen: die Piloten, die die tödliche Fracht über das Zielgebiet gebracht hatten? Die Bomberschützen, die den Auslöser drückten? Oder aber der Mann, der den Angriffsbefehl erteilt hatte? Dieses moralische Dilemma war mir seit den Tagen des Jugoslawien-Tribunals bewusst. Ich war damals verschiedentlich aufgefordert worden, eine Untersuchung der NATO-Luftangriffe auf Serbien im Jahr 1999 aufzunehmen. Der Nordatlantikpakt wurde kritisiert, gegen Völkerrecht verstoßen zu haben, als die NATO-Flugzeuge absichtlich auf zivile Ziele herabstießen.

Ich las einen Bericht über einen bestimmten Vorfall: Ein amerikanischer Pilot hatte eine Eisenbahnbrücke beschossen, just als ein Personenzug sie überquerte. Daraufhin flog er einen zweiten Angriff – im Wissen, dass schon seine erste Rakete den Zug, kein militärisches Ziel, getroffen hatte. Hatte er für seinen nochmaligen Anflug einen klaren Befehl befolgt? Meine Untersuchung führte bis in die höchsten Kommandozentralen der NATO nach Brüssel. Wo man mir sagte, die Dokumente seien zerstört worden. Mir war klar, dass ich brandschwarz angelogen wurde. Die NATO lagerte ja noch die Unterlagen des Ersten Weltkriegs im Archiv. So sah ich nach längeren Abklärungen von einer umfassenden Untersuchung ab. Der Präsident des Gerichtshofs, Richter Antonio Cassese, hätte es befürwortet, wenigstens den Piloten anzuklagen. Eben nicht, fand ich – der Ausführende steht in der Befehlshierarchie weit unten. Muss der Befehlsempfänger zur Rechenschaft gezogen werden? Er kann den Befehl verweigern, wenn er weiß, er handelt nach internationalem Recht illegal. Doch gegen die Piloten zu ermitteln, ist nicht unser Mandat. Die hohen Militärs und politisch Verantwortlichen sollten zur Rechenschaft gezogen werden, diesbezüglich war der Wortlaut unseres Mandats eindeutig. Wahrscheinlich hatte Assad nicht persönlich den Angriffsbefehl auf den Hilfstransport gegeben. Wohl aber hätte er als Einziger die Macht gehabt, ihn zu stoppen. Um ihn als Kriegsverbrecher dafür vor Gericht zu bringen, muss ihm lediglich nachgewiesen werden, dass er Kenntnis vom Plan hatte.

Das Dilemma der Befehlsempfänger war uns von Aussagen eines Bomberpiloten bekannt, der aus Assads Air Force desertiert war. Er hatte die Order erhalten, die Dörfer El Kerak, Umsifra und Umm Walad einzudecken, ohne einen Unterschied zwischen Zivil- und Militärpersonen zu machen. »Wir bombardieren das Dorf, um die FSA herauszutreiben«, hatte sein Vorgesetzter den Angriffsbefehl schlicht erklärt. Kommandanten von Militärbasen, von denen aus schon im ersten Jahr des Konflikts die Luftangriffe geflogen wurden, waren über die Anwesenheit von Zivilisten bestens informiert. Sie nahmen die Kollateralschäden ohne Weiteres in Kauf. So beschrieb uns ein Deserteur, man sei »grundsätzlich davon ausgegangen, dass Zivilpersonen ohnehin mit der FSA kollaborierten, wenn sie sich im Gebiet aufhielten«. Der Befehl seines Kommandeurs lautete: »In diesem Gebiet sind Terroristen – also bombardiert sie alle!« Ein Soldat einer Sondereinheit, von der er anschließend desertierte, hatte unter einem Major gedient, der alle Regionen, in denen Aufständische gemeldet wurden, grundsätzlich als »Terroristengebiete« bezeichnete. Unter dieser Prämisse gab derselbe Offizier im Fall von Az-Zabadani den Befehl: »Zerstört die Stadt!« In meiner Überzeugung sind es nicht so sehr soziale

Umstände oder kulturelle Unterschiede, die Kriegsverbrechen hervorbringen. Es sind immer Menschen, die Kriegsverbrechen begehen.

Vergiftete Politik

Der Krieg – wir nannten ihn in den Berichten den »bewaffneten Konflikt« – hatte einen weiteren Höhepunkt seiner Brutalität erreicht. Es bestehe »hinreichender Verdacht«, so erwähnten wir erstmals am 18. Juli 2013, dass verbotene Chemiewaffen angewandt wurden. Den Urheber nannten wir nicht. Doch hinter der vorsichtigen Formulierung verbarg sich weitaus mehr. Für einen kurzen Moment der Geschichte sah es danach aus, als könnte der Krieg die Ost- und Westmächte gegen ihren Willen in seine Strudel ziehen. Wer hielt das Zündholz, um das Pulverfass endgültig zum Explodieren zu bringen?

Kriegsverbrechen waren für die Syrer bereits zur täglichen Realität geworden. Nun sahen sie sich zusätzlich mit Massenvernichtungswaffen konfrontiert. Das internationale Chemiewaffen-Übereinkommen von Mitgliedstaaten der UNO – ratifiziert auch von Syrien – verbot Herstellung, Besitz und Anwendung chemischer Waffen. Der Einsatz toxischer Materialien und bakteriologischer Kriegsführung war ein Kriegsverbrechen – eines der schlimmsten überhaupt, falls man dazu eine Skala erstellen wollte.

Das Regime hatte eine ganze Reihe von C-Waffen in seinem Abschreckungsarsenal – es war hinreichend bekannt, dass Syrien seit den 70er-Jahren große Mengen davon produziert hatte. Assads Arsenal war nicht nur das größte der Region, es war sogar das viertgrößte weltweit.

– 151 –

Die Gefahr bestand nicht nur in ihrer Anwendung durch den Besitzer, sondern ebenso in der Eroberung dieser Waffe durch die Opposition. Vor dem März 2013 gab es keine verlässlichen Beweise, dass die Rebellen an Nervengas gelangt waren. Beide Seiten unterstellten sich bei jeder Gelegenheit, vor der Anwendung nicht zurückzuschrecken. Vier Angriffe (Khan al-Assal am 19. März, Damaskus am selben Tag, Aleppo am 13. April und die Idlib-Region am 29. April) waren von einem »begrenzten Einsatz von Giftstoffen begleitet«: So stand es Monate später in unserem Bericht. Zwischen den Zeilen stand da, dass die Opposition Gas eingesetzt hatte. Die syrische Armee und die Rebellen beschuldigten sich gegenseitig, die 500 Toten auf dem Gewissen zu haben.

»Assad must go« hatte der amerikanische Präsident schon 2011 vollmundig erklärt. Barack Obama hatte 2012 – sein Zaudern in der Syrienfrage war ihm politisch als Schwäche ausgelegt worden – schließlich seine berühmte »rote Linie« gezogen. Würde Assad diese überschreiten – gemeint war der Einsatz von C-Waffen –, dann sähen die USA sich zur militärischen Intervention gezwungen. Der US-Geheimdienst proklamierte »nach intensiven Untersuchungen«, es könne keinen Zweifel geben: Assad habe dieses Waffenlager geöffnet. Ein kurzer Newsflash aus dem Jahr 2018: US-Verteidigungsminister James N. Mattis gibt zu, dass die USA seinerzeit keine schlüssigen Beweise für den Sarin-Einsatz durch Assad hatten. Was Washington nicht davon abgehalten hatte, mit Tomahawk-Raketen gegen einen syrischen Militärflugplatz vorzugehen. Warum die Amerikaner heute von den damaligen Aussagen Abstand nehmen, um nicht zu sagen: die Fakten vermischen und die totale Desinformation betreiben? Ich kann mir für die nachträgliche Geschichtskorrektur nur politische Abwägungen vorstellen. Zurück ins Jahr 2013.

Das gefürchtete Nervengas Sarin – es führt innerhalb von Minuten zu Atemlähmung und Herzstillstand – war im Zweiten Weltkrieg von deutschen Chemikern entwickelt, aber nicht eingesetzt worden. Es war 26-mal tödlicher als Zyanid. Nun waren Spuren von Sarin gefunden worden. Kaum jemand zweifelte daran, dass Assad der Urheber war. Die Meinungen waren gemacht. Konnte Obama den syrischen Präsidenten ungestraft gewähren – oder müsste er seinem Ultimatum Taten folgen lassen? Und damit die Rebellen unterstützen, deren militante Gruppen für den Westen ein noch größeres Dilemma darstellten, sollten die gelieferten Waffen den Islamisten in die Hände fallen? Und würde ein Einschreiten der USA nicht auch Wladimir Putin eine militärische Reaktion aufzwingen? Derart war das Dilemma in jenen Frühlingstagen.

Wir untersuchten unsererseits den Einsatz von Chemiewaffen im Fall von Khan al-Assal. Als mir die Ergebnisse unserer Ermittler auf den Tisch flatterten, wurde ich mehr als stutzig. Die Indizien wiesen nämlich eher auf einen Einsatz vonseiten der Opposition hin. Die Spuren des Gases waren auf Assads Territorium gefunden worden. Mehrmals studierte ich die transkribierten Statements von Opfern, Ärzten und Augenzeugen in Feldlazaretten. Die Amerikaner sagten, es gebe keine belastenden Hinweise dafür, dass die Gegenseite ebenfalls zu Chemiewaffen griff. Das stimmte mit unseren Ergebnissen nicht überein. Wir wiesen unsere Leute an, noch tiefer zu graben.

Unsere Ermittlungen über die Hintergründe liefen bereits auf Hochtouren. Da beauftragte der Generalsekretär der UNO die Organisation für das Verbot chemischer Waffen (OPCW) in

Den Haag mit der Abklärung. Ich fühlte mich vor den Kopf gestoßen. Schließlich hatte die UN bereits eine zuständige Untersuchungsbehörde – nämlich uns! Man hatte wohl versäumt, diese Zweigleisigkeit mit uns abzusprechen, denn unsere Ermittler waren ja bereits an der Arbeit. Meine Mitkommissäre nahmen dies widerspruchslos zur Kenntnis. Habe ich mich aufgeregt? Man könnte es durchaus so nennen. Als wären wir inkompetent! Noch dazu sollte das neue Team nicht die Täter ermitteln, sondern lediglich den Nachweis für den Gift-Einsatz erbringen – den wir ja schon in der Tasche hatten. Dass man an den Urhebern nicht interessiert war, sprach Bände darüber, dass der Fall gar nicht erst vor Gericht kommen sollte. Die Politiker der freien Welt wollten lieber nicht wissen, ob nun Assad oder die Aufständischen Schuld hatten. Ist Unwissenheit nicht ein Segen?

Unter dem Druck des sogenannten »Mechanismus« (Secretary-General's Mechanism, SGM), auf den wir noch kommen, gewährte Assad dem Team den Zutritt ins Land, angeführt vom Chemiewaffen-Spezialisten Åke Sellström und Angela Kane, einer Expertin für Abrüstungsfragen. Wir wollten uns da natürlich gern einklinken und unterbreiteten Syrien postwendend das Angebot, die UN-Mission zu begleiten. Unermüdlich versicherten wir der Regierung unserer unparteiischen Objektivität.

Journalisten befragten mich in Lugano zu den aktuellen Vorgängen. Vor den Kameras des Schweizer Fernsehens und, auf Englisch, der BBC, sprach ich von einem »konkreten Verdacht«, dass die Opposition Nervengas eingesetzt hatte. Diese Bombe explodierte in den Schlagzeilen der internationalen Medien, die Aussage wurde weltweit kolportiert. War ich überrascht, eine Medienlawine losgetreten zu haben? Nicht mehr als jemand vom Lawinenrettungsdienst, der absichtlich eine Lawine freisprengt. Unser Gremium hatte wichtige Hinweise zu diesem Kriegsverbrechen. Warum schweigen? Selbst als sich die Ereignisse daraufhin überstürzten, blieb mein Puls ruhig. Wer die Wahrheit sagt, hat nichts zu befürchten, das war schon als junge Juristin mein Credo gewesen. Selbst die Syrische Nationale Koalition, die als Exilregierung kaum noch wahrgenommen wurde, nutzte die Möglichkeit eines Medienauftritts: Weder besäßen die Rebellen die Massenvernichtungswaffe, noch hätten sie diese je benutzt, ließ man aus Instanbul verlauten.

Das russische Außenministerium zeigte sich besorgt über die »Politisierung« der Frage des Chemiewaffen-Einsatzes. Insgeheim hoffte ich, Pinheiro in eine Position zu bringen, nun ebenfalls an die Öffentlichkeit zu gehen. Was er auch tat. Er sah sich genötigt, seinerseits eine dringende Pressemitteilung herauszugeben – in der er unterstrich, die Untersuchungen seien nicht abgeschlossen. Daher könne die Kommission auf weitere Fragen keine Stellung nehmen. Damit hatte er mich öffentlich desavouiert, und zwar deutlich. Er hatte sich vorher nicht mit mir besprochen. Ich mich freilich auch nicht mit ihm. Wichtiger war nun, wie meine Aussagen in Washington aufgenommen wurden. Kommentatoren analysierten, meine Verdächtigungen der Opposition seien ein Stolperstein für US-Außenminister John Kerry auf dem Weg nach Moskau, wo er Putin hätte überzeugen sollen, sich von Assad zu distanzieren. Das ginge nun nicht mehr, da er ja wohl kein Waffenbruder von einem sein möchte, der mit Sarin hantiert.

Wenige Tage später las ich eine einspaltige Zeitungsmeldung in einem türkischen Blatt: In der Türkei waren Rebellen (offen-

– 155 –

bar Angehörige der Al-Nusra-Front) unter Arrest, sie hatten Sarin in ihrem Besitz. Ich musste diese Randnotiz zwar mit der Lupe lesen, fand mich aber dennoch bestätigt. Die Meldung fand den Weg ins Internet, war aber schon am nächsten Tag gelöscht. Wir schrieben Ankara an, ich würde gern die Akten dieses Verfahrens einsehen. Die Antwort blieb man uns schuldig. Klammer auf: Am 26. Februar 2014, fast ein Jahr nach den Vorfällen, trafen wir in Ankara eine Delegation von neun hohen Beamten. Ich ließ mir die Gelegenheit nicht entgehen, sie direkt nach dem Dossier zu fragen. »Das können wir Ihnen nicht zeigen«, gab einer endlich zu. Damit hatte er zumindest die Existenz des Dossiers bestätigt. »Warum nicht?«, insistierte ich. »Weil Ihr Gremium keine gerichtliche Instanz ist«, beschied man mir (sie hatten es übrigens auch Sellström nicht ausgehändigt). Ich wollte das gerne schriftlich haben, denn darauf hätte man die Türken festnageln können. Ich bekam mein »Nein« auf Türkisch aber nur mündlich. Klammer zu.

Die Türken haben den Fall untersucht und Nervengas gefunden. Doch woher haben die Aufständischen das Sarin bezogen? Mehr habe ich nicht herausbekommen. Ankara sprach zu diesem Zeitpunkt gerade freundlich mit Washington, und eine öffentliche Bekanntgabe, dass Chemiewaffen allenfalls über die Türkei ins Kriegsgebiet gelangt waren, wären ein störendes Nebengeräusch gewesen. Obama hatte den Chemiewaffeneinsatz einen »Game-Changer« genannt, der die Sichtweise auf den Syrien-Krieg verändern würde. Das war er auch. Aber anders, als die Amerikaner sich das vorgestellt hatten. Hatte meine Äußerung den Druck von Obama genommen? Im Licht der neuen Erkenntnisse konnte er von einem Militärschlag absehen, ohne sein Gesicht ganz zu verlieren.

Endlich öffnete sich eine Tür, an die wir lange geklopft hatten. Zu meiner Überraschung wurde ich am 7. September 2013 offiziell nach Damaskus eingeladen. Natürlich hatte Assad von meiner Bemerkung profitieren können. Sah er sich deshalb veranlasst, unserem Drängen auf eine persönliche Visite nachzugeben? Die Sache hatte einen politischen Haken. Die nette Einladung galt nur für eine Person, und nur für mich persönlich, nicht als Member der Kommission. Ich hätte trotzdem sofort die Koffer gepackt. Schließlich brannte ich darauf, Herrn Assad einige direkte Fragen zu stellen – der Einsatz des Chemiewaffenarsenals wäre ein interessantes Konversationsthema gewesen! Ich studierte seine Fernsehauftritte. Rednern wie ihm wohnt zusätzlich zu den rhetorischen Fähigkeiten eine starke Überzeugungskraft inne. Dafür muss man zuallererst von sich selbst überzeugt sein.

Der syrische Präsident war einem anderen Präsidenten nicht unähnlich – ich spreche vom ersten Staatsoberhaupt, das noch während der Amtsausübung von einem Kriegsverbrechertribunal wegen Völkermordes angeklagt wurde: Slobodan Milošević. Der Serbenführer strahlte dieselbe Gewissheit aus, im Recht zu sein. Sogar noch, als er schon Handschellen trug. Unter vier Augen trat ich Slobodan Milošević an seinem ersten Prozesstag gegenüber. Ich hatte als Anklägerin von meinem Recht Gebrauch gemacht, ihm persönlich seine Kooperation vor Gericht beliebt zu machen. Es blieb unser erstes und letztes Vieraugengespräch. Milošević legte eine ungeheure Energie in seine Worte – ganz so, als spreche er noch immer als Staatschef mit einem Untergebenen. Während der kurzen Unterredung hatte ich deutlich diese gefährliche Mischung aus Unverfrorenheit, Selbstvertrauen und, ja, Charme wahrnehmen können. Was den Mann in Belgrad mit dem Mann in Damaskus vergleichbar machte. Der syrische Führer vermochte seine Argumente genauso sprachgewaltig zu untermauern. Und wie der Serbenführer verstand es Assad, das internationale Recht auf seine Weise auszulegen. Mit anderen Worten: Beide sind nicht umsonst Politiker geworden.

Welche Absicht mein Gastgeber mit seiner Audienz verfolgte? Ich malte mir schon aus, ob er mir Beweise überlassen wollte, die seiner Gegnerschaft das Chemiewaffendesaster nachwiesen. Auf einen einzigen Einsatz steht lebenslängliche Haft. Hätte ich mich in Damaskus instrumentalisieren lassen? Ich hatte mir die Frage stellen müssen und kam zum Schluss, dass Del Ponte sich nicht instrumentalisieren lässt. Mit aller Deutlichkeit hätte meine Anwesenheit in der Hauptstadt der Öffentlichkeit unsere Unabhängigkeit verdeutlicht. Die persönliche Sicherheit war selbstverständlich zugesichert.

Paulo war dagegen. Entweder gehen alle – oder keiner! Man würde damit ein falsches politisches Zeichen setzen, befand er, und ließ die Kommissäre darüber abstimmen. Sie waren seiner Meinung. In einem Anschreiben an den syrischen Botschafter drängte er stattdessen darauf, die Einladung auf die gesamte Kommission auszuweiten. Das beantwortete Damaskus mit Schweigen. Ich hätte mir die Haare raufen können! Erst einige Zeit später erfuhr ich, dass der Leiter unserer Gruppe selbst einmal persönlich nach Damaskus geladen war – das war, bevor ich der Kommission beitrat – und prompt angenommen hatte. Carla, da hast du einen dummen Fehler gemacht, ärgerte ich mich über mich selbst, nicht stärker insistiert zu haben. Man hat Damaskus im Namen von Del Ponte dann höflich abgesagt (was in der Presse so aufgenommen wurde, ich hätte mich gefürchtet, allein zu fahren). Erst 2016 rang Paulo sich dazu durch, mir die

– 158 –

Erlaubnis zum Alleingang zu erteilen. Ob die Einladung noch gelte, fragte ich nach. Doch da hatte diese Tür sich bereits wieder geschlossen.

Der Vorschlag zur möglichen Antwort auf die Chemiewaffen-Frage kam schließlich von Russland: Syrien brauche doch lediglich der Chemiewaffenkonvention beizutreten und sein Arsenal vernichten zu lassen. Der russische Außenminister Sergej Lawrow hatte diese Idee eingebracht, quasi um fünf vor zwölf. Ich kannte ihn aus meiner Zeit in Den Haag als besonnenen Mann, der alle Schliche der Politik kennt. In Genf fand er mit seinem amerikanischen Pendant, John Kerry, zu einem Konsens: Zugang der UNO-Inspekteure zu allen Depots, Vernichtung der Chemiewaffen innerhalb angemessener Frist. Um Assad auf die Sprünge zu helfen, hätte der Sicherheitsrat nach der UNO-Charta mit Militärschlägen oder weiteren Sanktionen reagieren können. Dass Assad kurz davor noch bestritten hatte, überhaupt über C-Waffen zu verfügen, die er nun freiwillig vernichten wollte, war freilich kein Diskussionspunkt mehr. Für das syrische Volk war der Schrecken der Kampfgase damit leider noch nicht vorüber.

Ende März und Anfang April 2017 häuften sich die Meldungen, dass entweder geruchloses Gas oder eine nach Chlorin schmeckende Substanz freigesetzt wurde. Am frühen Morgen des 4. April strömte das gefürchtete Sarin-Gas aus. Um 6 Uhr morgens starben viele Bewohner von Chan Schaichun in ihren Betten. Das Kampfgas brachte über 80 Menschen um, darunter 28 Kinder, und schickte Hunderte ins Spital. Russland und Syrien, die in dieser Zeit gemeinsame Luftschläge gegen die Aufständischen führten, stritten den Sarineinsatz ab – tatsächlich, so ihre Erklärung, habe die Luftwaffe an diesem Tag ein Chemiewaffen-Depot der Terroristen getroffen. Experten bezeichneten dies als höchst unwahrscheinlich.

Die Geschichte wiederholte sich. Wieder hatten wir glaubhafte Berichte unserer Ermittler vorliegen. Nur dass im jüngsten Fall nicht die Opposition die Verantwortung trug, sondern das Regime. Zu diesem Zeitpunkt hätten diese hochbrisanten Informationen das Handeln der Amerikaner entscheidend beeinflusst. Unser Bericht sollte jedoch erst im September erscheinen – erst in einem halben Jahr! Ich beschwor Paulo, eine Pressemitteilung herauszugeben. Er war – mittlerweile konnte mich das nicht mehr überraschen – nicht dieser Ansicht. Ich war von der Notwendigkeit überzeugt, an die Öffentlichkeit zu gehen. Und gab einem Journalisten – eigentlich zu einem anderen Thema, ich wurde ja regelmäßig um Interviews gebeten – einen Hinweis. Ich hielt mit meiner Ansicht, Assad sei einer der scheußlichsten Kriegsverbrecher – und ich hatte ja mehr als einen persönlich kennengelernt – nicht hinterm Berg. Die vielen Toten von Chan Schaichun waren zu wichtig, um den Fall unter den Teppich zu kehren. Die Medien berichteten pflichtgemäß von Assads skandalösem Vorgehen. Pinheiros Reaktion ließ nicht auf sich warten. Er war ein Mann, der sich in Zurückhaltung übte, doch dieses Mal ließ meine Insubordination das Blut des Brasilianers überkochen! Offiziell ließ er es damit bewenden, im Namen der Kommission den Hinterbliebenen zu kondolieren.

Am 7. April schossen die USA 59 Raketen auf die Militärbasis, von wo aus der Angriff auf Chan Schaichun lanciert worden war. Der UN-Generalsekretär stellte einmal mehr ein Expertenteam zusammen, das die Vorgänge untersuchen sollte. Und einmal mehr versäumte irgendjemand, uns wenigstens anzufragen, unsere Erkenntnisse mit diesem neuen Team zu teilen. Dass wir erneut übergangen wurden, empfand ich als Beleidigung. Jedenfalls kamen deren Spurensucher zum selben Schluss: Assad war der Täter.

Inzwischen machte die Kommission brav ihre Hausaufgaben. Wir veröffentlichten ein Plakat, das alle bekannten Ereignisse mit Chemiewaffen auflistete. Neben den jeweiligen Anschlägen, die wir beweisen konnten, setzten wir als Urheber »Syrian Government«. Von der Opposition, die zweifellos ebenfalls C-Waffen benutzt hatte, war da nichts zu lesen. Täter unbekannt, Umstände nicht geklärt, »Circumstances not specified«, hieß es mehr als vage. Ich fragte mich nicht zum ersten Mal, wie ausgewogen unsere Kommission berichtete. Im Bericht vom 8. August 2017 veröffentlichten wir endlich, was wir seit April wussten. Da war es schon keine Genugtuung mehr für mich, dass Paulo meine frühere Aussage bestätigen musste. Denn niemanden interessierte noch, was vor einer halben Ewigkeit irgendwo in Syrien geschehen war. Dafür drehte sich unsere Welt zu schnell. Dieser Bericht sollte der letzte sein, an dem ich mitwirkte. Zwischen März 2013 und März 2017 hatte die Kommission nicht weniger als 25 Vorfälle mit chemischen Waffen dokumentiert. Zwanzig davon waren den Regierungstruppen zuzuschreiben. Primär waren die Opfer harmlose Zivilpersonen.

Syriens Herz versagt

Der Krieg ging mit unverminderter Härte weiter. Was mit dem historischen 17. März 2011 begonnen hatte, der Demonstration für die Freilassung verhafteter Kinder in Daraa, schien kein Enddatum zu haben. Der friedliche Ruf nach mehr Gerechtigkeit war dem Kampfruf »Allahu Akbar« gewichen. Und aus Fasels geschätzten »drei, maximal acht Monaten« des Engagements waren nahezu sechs Jahre geworden. Wir hatten in unseren Berichten über 600 Seiten mit den Zeugenaussagen von rund 5000 Menschen beschrieben. Die Worte »Kein Ende in Sicht«, mit denen wir einen unserer Reporte begannen, spiegelte diese Hoffnungslosigkeit wider. Nach mehrmaliger Verlängerung des Mandats musste ich mich fragen, ob das auch auf meine Mitarbeit zuträfe. Ich traf Kofi Annan nach seinem Rücktritt als Sondergesandter für Syrien nochmals in Genf, am Sitz seiner Foundation, einer Non-Profit-Organisation für Friedensbemühungen. Zu Syrien äußerte er sich nicht mehr. Neue Impulse konnte er mir nicht geben. Als Generalsekretär hatte Kofi Annan versucht, die UNO zu reorganisieren. Den Sicherheitsrat neu aufzustellen. Er war gescheitert. Der Friedensnobelpreisträger war einer der ersten gewesen, die nicht den Assad-Clan allein für die Zunahme der Brutalität verantwortlich machten. Er suchte die Mitschuld für die Eskalation bei den Regimegegnern. Vor allem aber kritisierte Annan deren Unterstützer, denen der Krieg aus wirtschaftlichen oder politischen Interessen zupasskam. Wenige Tage nach

Kofi Annans letzter Stellungnahme veröffentlichte Amnesty International Satellitenaufnahmen, die deutlich zeigten, dass auf dem Kriegsschauplatz Aleppo beide Seiten Verbrechen begingen. Längst gab es keine klar erkennbaren »guten« oder »bösen« Seiten mehr. Beide Seiten ließen sich einen Verstoß gegen die Menschenrechte zuschulden kommen, der in meinen Augen besonders schwer wog: der Arrest ohne Anklage, der Entführung, Verschleppung – das Verschwindenlassen von Menschen hat in Syrien viele Namen. Frauen, die vor den verschlossenen Türen der Haftanstalten stehen, wo sie ihre Brüder, Väter, Ehemänner vermuten und ihre Fotos hochhalten, ein kleines Lebenszeichen erbittend – solche Szenen waren in Syrien Alltag geworden. Auch Menschen, denen man keine Nachricht zum Verbleib ihrer Lieben zukommen ließ, wurden Opfer.

Wir legten dazu zwei Berichte vor, Dezember 2013 und Februar 2016. Vor allem das Regime »verschluckte« Menschen in seinem unermesslichen Apparat von Haftanstalten und Verhörzentren. Dass auch die Rebellenbrigaden Menschen von der Bildfläche verschwinden ließen, war uns nicht unbekannt. Doch deren Taten waren schwieriger zu belegen. Ab 2012 nahm die Zahl von Entführungsfällen zu, als spezialisierte Oppositionsgruppen Zivilisten nur gegen Lösegeld wieder freiließen. Die Aufständischen nahmen nicht nur regimenahe Personen in Geiselhaft, sondern auch Menschenrechtler, Journalisten, politische Aktivisten, Geistliche. Ließen die Terroristen jemanden verschwinden, kehrte er in der Regel nicht zurück. Aus Assads Gefängnissen gab es zumindest einige Freilassungen zu vermelden.

Im Bericht vom 12. Februar 2014 listeten wir die Adressen von nicht weniger als 44 Haftanstalten des Regimes auf, in denen Gefangene unter Folter verhört wurden (die Hinterzimmer an den Checkpoints, die demselben Zweck dienten, nicht einmal eingerechnet). Human Rights Watch hatte über 20 verschiedene Foltertechniken dokumentiert. Elektroschocks, Verätzungen mit Säure, das Ausreißen von Fingernägeln, Scheinhinrichtungen sind nur die gängigsten Methoden. Viele unserer Interviewpartner wiesen kaum verheilte Wunden auf. Zudem breiteten sich durch die Überbelegung der Gefängnisse Krankheiten unter den Inhaftierten aus. Obwohl schon in der Antike besiedelt, und obwohl die Römer ein Jahrhundert vor Christus in Syrien ihre Provinzen begründeten, war doch die unabhängige arabische Republik Syrien ein junger Staat: Die Republik wurde erst am 17. April 1946 ausgerufen (seither ihr Nationalfeiertag). Als Republik hat sie die wichtigsten internationalen Vereinbarungen der Menschenrechte übernommen. Worin insbesondere Folter selbst unter außergewöhnlichen Umständen unzulässig ist. Ob sich ein Staat im Krieg befindet oder von kriegerischen Auseinandersetzungen bedroht ist, kann Folter nicht entschuldigen.

Ein Mann legte besonderes beredtes Zeugnis über seine Odyssee durch die syrischen Strafanstalten ab, seiner detaillierten Aussage will ich hier etwas mehr Platz einräumen. Zweimal war er vom Sicherheitsdienst in Gewahrsam genommen worden, obschon er sich lediglich die friedliche Teilnahme an Demonstrationen zuschulden kommen ließ. In den Fokus geriet er als Mitglied eines lokalen Rats, der während der vermeintlichen Übergangsperiode die Administration hätte sicherstellen sollen. Als Soldaten sein Heim durchsuchten, fanden sie in einem Depot neben dem Haus einen Medizinvorrat. Er hörte den Kommandanten sagen: »Tötet ihn.« Ein Soldat schlug vor, das Haus anzuzünden, das Feuer würde ihnen die Arbeit abnehmen. Auf Knien beteuerte der Mann seine Unschuld. Da erhielt der

Trupp die dringende Meldung über ein Feldlazarett, das verbotenerweise Verwundete behandelte. Sie bedachten den Mann mit einigen Schlägen, nahmen ihm die Identitätskarte und rückten ab.

In dieser Ungewissheit, ob die Soldaten zurückkehren würden, lebte er mehrere Monate. Bis der Nachrichtendienst der Air Force ihn in Arrest nahm, weil er sich auf Facebook zu einer regimekritischen Äußerung hatte hinreißen lassen. Mit verbundenen Augen wurde er in einem Wagen fortgefahren. Die Augenbinde wurde ihm erst an seinem Bestimmungsort wieder abgenommen, wo man ihn bis auf die Unterhose auszog. Im Verhörraum musste er sich hinknien. Ein Offizier trieb ihm von hinten einen Plastikstock in den Anus. Man beschuldigte ihn des Waffenschmuggels, während die Soldaten ihn mit Plastikstöcken gegen die Beine schlugen. Erneut derselbe Vorwurf. Ein Anführer des Koordinationskomitees sei er, einer der Aktivisten. Sie schnürten ihm die Hände auf dem Rücken zusammen und hängten ihn an der Decke an einen Haken. Erneut stießen sie Stöcke in seinen Anus. Als der Schmerz unerträglich wurde, schrie er heraus, er wolle alles zugeben. Der Offizier ließ sich die Aussage schriftlich bestätigen. Welche Waffen er geschmuggelt habe? Wo seine Komplizen zu finden seien? Der Angeklagte erfand die Namen. Darauf warfen sie ihn in eine Zelle mit rund 100 männlichen Gefangenen. Alle trugen die verschiedenen Foltermerkmale. Die Wärter schlossen, um ihre Häftlinge zusätzlich zu bestrafen, die einzige Luftzufuhr. Bald sanken Gefangene tot zu Boden, an Luftmangel oder aufgrund ihrer Verwundungen.

Niemand vermochte zu sagen, ob es Tag oder Nacht war. In Gruppen zu vieren durfte man die einzige Toilette aufsuchen, was die einzige Möglichkeit bot, Wasser zu trinken. Zu essen gab es ein Stück Brot mit Marmelade. Manche der Inhaftierten hörten auf zu essen. Man nahm an, dass sie geistig krank geworden waren oder sich zu Tode hungern wollten. Zwei Männer, die der Mitgliedschaft in der FSA verdächtig waren, wurden mehrmals für weitere Verhöre herausgeholt. Einer von ihnen urinierte schließlich Blut und starb bald darauf. Nach einigen Tagen innerhalb dieser Mauern trat ein Wärter nach unserem Erzähler. Aufgrund der starken Blutungen wurde er ins Militärhospital von Mezzeh überführt. Der dortige Stellvertreter des Kommandanten wurde »der Hammer« genannt. Diesen zweifelhaften Spitznamen verdankte er der Tatsache, dass er Verdächtige mit einem Hammer schlug. Patienten dieses Spitals waren mit Eisenketten nackt ans Bett gefesselt, meist zu zweit. Er wurde »beschriftet«, indem man Klebepapier am Körper anbrachte, auf dem »Air Force« stand. Gerüchte machten die Runde, die Toten würden auf dem Naja-Friedhof als »Unbekannte« verscharrt. Abermals wurde er transferiert, dieses Mal ins Hauptquartier der Militärpolizei von Al-Qaboun. In einem Raum, der 50 Menschen Platz geboten hätte, waren 150 eingekerkert. Einer der Häftlinge verlor den Verstand. Schließlich wurde unser Zeuge von einem Anti-Terrorismusgericht in Mezzeh in Abwesenheit verurteilt und ins Adra-Gefängnis gebracht. Es musste ihm wie ein besonderes Privileg vorgekommen sein, sich baden zu dürfen.

Ich trat mit einer Bitte vor den syrischen Botschafter: »Gebt den Angehörigen Nachricht, ob die Inhaftieren noch leben oder nicht.« Zu viele Angehörige von Menschen, die man hinter Gittern vermutete, hatte ich auf den Reisen der Kommission angetroffen. *Wo ist mein Vater, wo mein Bruder?* Manche litten seit

Jahren schon unter dieser Unwissenheit. Darum wurde ich auf eigene Faust aktiv, versuchte, in dieser Frage Syriens russische Verbündete auf meine Seite zu bringen. Als Houssam El dine Alaa sich einverstanden erklärte, mich im UNO-Gebäude in Genf informell zu treffen, sah ich einen Hoffnungsschimmer. Sicherlich würde Assad ein positives Zeichen aussenden, wenn er erlaubte, die Familien zu benachrichtigen. Ich erfüllte alle Bedingungen für das Gespräch. Niemand sollte uns bei einer Unterredung sehen. Wir betraten den Delegationssaal des Human Rights Councils separat. Setzten uns vertraulich in eine Ecke. Auf einen zufälligen Betrachter hätte das gewirkt wie ein zufälliges Zusammentreffen. Nachdem ich mein Anliegen vorgetragen hatte, lächelte der syrische Botschafter milde. Er werde Damaskus informieren, versprach er mir. Sympathie für mein Anliegen hatte ich in Alaas Gesicht nicht ausmachen können, aber immerhin war diese Zusage besser als nichts. Damit war das Gespräch beendet. Eine Antwort erhielt ich nie. Ebenso wie Tausende, die noch immer vergeblich auf eine Nachricht warten. Ich greife einige ihrer Fälle aus den Berichten heraus.

Altersgrenzen gibt es in den Haftanstalten des Regimes nicht. Ein 14-jähriger Knabe kam in Arrest, weil er in den Anfangstagen des Aufstands an einer Demo teilgenommen hatte. Mit verbundenen Augen wurde er ins Gefängnis der Militärpolizei von Damaskus gebracht, wo er vier Monate lang in einem unterirdischen Raum immer wieder nach den Organisatoren jener Demonstration gefragt wurde. Dabei hing er an den Händen von der Decke, während die Folterknechte ihn mit elektrisch geladenem Draht und einem Wasserschlauch bearbeiteten. Das Fleisch wurde ihm mit Zigaretten und heißem Metall verbrannt. Sie brachen dem Jungen die Nase. Ständig hörte er dabei durch die Mauern andere Menschen vor Schmerzen schreien. Während des Interviews zeigte er unseren Ermittlern seine Narben. Er hatte nicht übertrieben. Ein Deserteur dieses Gefängnisses berichtete vom Fall eines 17-Jährigen, der trotz Krebserkrankung nicht verschont blieb – nur weil er Songs der Revolution auf sein Mobiltelefon geladen hatte.

Schon während der ersten Proteste im März 2011 verschwanden Regimekritiker sang- und klanglos. Besonders perfide: Die zuständigen Beamten leugneten nicht nur, dass besagte Personen in der Tat in die Mühlen dieses undurchschaubaren »Justiz-Systems« geraten waren – sie leugneten überhaupt die Existenz dieser Menschen. In manchen Fällen wurden Verwandte, die beim Sicherheitsdienst Erkundigungen einzogen, selbst in Haft genommen. Wir hatten Informationen aus erster Hand. Etwa zum Fall eines Mannes, der im Juni 2011 an einem Protest in Idlib teilgenommen hatte. Bald darauf drangen Sicherheitskräfte ins Haus ein, rissen ihn aus dem Bett, brachten ihn an einen unbekannten Ort. Die Adresse wurde geheim gehalten. Ein Familienmitglied: »Jede Nacht fürchteten wir, die Sicherheitsleute könnten zurückkommen und uns alle mitnehmen.«

Übereinstimmende Berichte zeigten ein Muster: Bei der Mehrheit der zwischen 2011 und den ersten Monaten von 2012 Verschwundenen handelte es sich um junge Männer. Ein Abtrünniger einer politischen Sicherheitsabteilung von Aleppo erzählte uns, die Offiziere hätten Befehl, jeden Jüngling im Teenageralter festzunehmen, der an Demonstrationen teilgenommen hatte. Einer der ersten dokumentierten Fälle betraf jenen 13-jährigen Jungen, der während der Proteste in Daraa im April festgenommen wurde. Seine von Folternarben gezeichnete Leiche wurde der Familie im Monat darauf zurückerstattet.

Deserteure und Überlebende dieser Massenverhaftungen berichteten übereinstimmend, dass der jeweilige Offizier, der die Verhaftung vornahm, den Angeklagten anschließend in die entsprechende Haftanstalt überstellte – die Aktionen mussten also administrativ organisiert gewesen sein. Dennoch gaben die zuständigen Dienststellen auf Nachfrage an, keine Details seien bekannt – auch nicht zu Personen, die in der Haft verstorben waren. Dies verunmöglichte praktisch, dass Angehörige überhaupt feststellen konnten, ob diese Menschen noch am Leben waren. Der Verwandte eines Inhaftierten von Idlib: »Wo auch immer wir nachfragten, die Dienststellen sagten, der Name sei nirgends verzeichnet.«

Diese gezielte Desinformation zerrüttete das Sozialgefüge ganzer Gemeinschaften. In ihrer Ungewissheit waren die Familien zwischen Hoffnung und Verzweiflung hin- und hergerissen. Weder konnten sie trauern noch konnten sie sich mit ihrem Verlust abfinden. Ein Mann, seine Ehefrau war verhaftet worden, sagte über seine zweijährigen Tochter: »Sie beginnt jedes Mal zu weinen, wenn sie eine Militäruniform sieht.«

Ein 14-jähriges Mädchen berichtete uns von seiner Entführung. Vier Männer – sie beschrieb sie als »Schiiten aus meiner eigenen Nachbarschaft« – überführten sie in ein Gebäude bei Idlib. Man befragte sie zur Aktivität ihrer Mutter in der FSA. Das Mädchen wurde geschlagen, mit Zigaretten verbrannt und vergewaltigt. Ihre Peiniger injizierten ihr eine unbekannte Substanz. Ihr Arzt bestätigte uns, dass die Verletzungen mit ihren Beschreibungen übereinstimmten.

Ein Mann, festgehalten in Homs, erkannte die Schabiha-Mitglieder als »Alawiten aus der Nachbarschaft von Az-Zahra«. Sie folterten ihn mit Elektroschocks und blendeten ein Auge mit einem Schraubenzieher. Als wir ihn interviewten, sah es danach aus, als könnte er aufgrund einer unbehandelten Entzündung auch das andere Auge verlieren.

Die scheinbar willkürlichen Verhaftungen nährten die Angst. Personen, die den Behörden eine vermeintliche Entführung meldeten, wurden selbst in Gewahrsam genommen. Eine Mutter von Idlib hatte zwei Söhne. Als ihr ältester Sohn inhaftiert wurde, erkundigte sich der jüngere nach ihm. Auch er kehrte nicht zur Mutter zurück. Zur Kenntnis gebracht wurde uns der Fall einer 60-jährigen Frau, die von Sicherheitskräften in Homs verhaftet wurde, als sie nach ihrem verschwundenen Sohn fragte.

Allein, nicht einmal der Freiheitsentzug wurde von offizieller Seite zugegeben. Systematisch wurde abgestritten, dass jemand sich überhaupt im Gewahrsam der Regierung befand. Eine Person – verhaftet in Latakia im Juli 2012 – kehrte eines Tages überraschend aus dem Gefängnis zurück: »Niemand hatte meine Familie über meine Haft informiert, und niemand hatte gewagt, beim Air-Force-Sicherheitsdienst nachzufragen. Und wenn man sich umhörte, erhielt man keine Antwort.«

Elf Tage nachdem ein junger Aktivist verschwunden war, erhielt sein Vater einen Telefonanruf. Man wies ihn an, die Leiche seines Sohnes in Damaskus abzuholen. Er sei bei einem Verkehrsunfall getötet worden. Der ganze Körper war über und über von Folterspuren gezeichnet.

Zwei Jahre nach dem ersten Bericht zu solchen Vorfällen fertigen wir einen weiteren an. Er enthielt verschiedene Fälle von Entführungen, die zwischen März 2011 und November 2015 bei uns aktenkundig geworden waren. Wir sichteten dazu umfangreiches Dokumentarmaterial. Auf Aussagen von Menschen, die persönlich zugegen waren, wenn einer der Verschwundenen ums Leben kam, beruhten 200 dieser Schilderungen. Der Verdacht, dass noch immer Zehntausende von der Regierung festgehalten wurden, erhärtete sich mit jeder Zeugenaussage. Doch auch der ISIS hielt eine unbekannte Anzahl von Menschen unter erbärmlichen Umständen fest. Die Al-Nusra-Front unterhielt eigene Haftanlagen im Gebiet Idlib, wo mehrere Fälle dokumentiert waren.

Aus Damaskus war uns ein Fall bekannt, der sich in den ersten Tagen von 2014 ereignet hatte: Die Mitgefangenen mussten sich mit dem Gesicht zur Wand aufstellen, dann hörten sie, wie die Wärter jemanden brutal zusammenschlugen. Als er zu Boden ging, traten sie ihm gegen den Kopf. Das Opfer bat danach einen Zellengenossen, seiner Familie zu berichten. Der Geschlagene erbrach Blut, dann starb er. »Wir schlossen ihm die Augen, wickelten ihn in eine Militärdecke und lasen den Koran in unseren Herzen.«

Das Verschwinden von Tausenden konnte man nicht für immer vertuschen. Schließlich ließ sich das Regime für seine Bürger eine besonders unaufrichtige Erklärung einfallen. Ein Vater stand im Mai 2014 in Al-Qaboun in einer Schlange mit Dutzenden anderer. Am Schalter der Militärpolizei erhofften sie sich Aufschluss über den Verbleib von Verwandten. Ein Uniformierter erklärte einem nach dem anderen, der Gesuchte sei verschieden. Als der Vater endlich an die Reihe kam, wurde ihm ein Bericht gezeigt: Dort stand schwarz auf weiß, sein Sohn sei an Herzversagen gestorben. Man könne nun im Militärhospital von Tischrin die Todesurkunde abholen. Der Vater weigerte sich, denn »das wäre, als hätte ich ihnen die Erlaubnis gegeben, ihn zu töten«.

In Rif Dimaschq, das war einige Monate darauf, informierten die Behörden eine Frau, ihr Ehemann und zwei ihrer Söhne seien tot. Sie waren Gefangene einer Anstalt der Militärsicherheit, das war ihr bekannt. Die Frau erhielt drei Todesurkunden. Auf jeder war die Todesursache aufgeführt: »Gestorben an Herzanfall« (ein dritter Sohn blieb vermisst). Ein Vater, der auf dieselbe Weise vom Tod seines 28-jährigen Sohnes in Kenntnis gesetzt wurde, konstatierte bitter: »Es scheint, ganz Syrien stirbt an einem Herzanfall.«

Uns war kein einziger Fall bekannt, in dem Familien danach noch weitere Erklärungen über die näheren Umstände des Todes erhalten hätten. Eine Verantwortung wurde ohnehin ausgeschlossen. In der Mehrheit der Fälle wurde auch die Leiche nicht freigegeben. Manche erhielten die Identitätskarte oder andere Besitztümer zurück. In allen Fällen jedoch, wenn der Familie der Tote überlassen wurde, wies er Spuren langer Folter auf. Manche Leichen wurden erst übergeben, nachdem die Verwandten mit einer Unterschrift bestätigt hatten, der Tote sei »ein Terrorist« gewesen.

Wir befanden uns mitten in den Ermittlungen solcher Fälle, als englische Anwälte, die im Auftrag Frankreichs handelten, den sogenannten »Caesar«-Bericht herausgaben. »Caesar« war der Deckname eines syrischen Militärpolizisten. Es war seine Aufgabe, die Häftlinge nach ihrem Tod zu fotografieren. Tausende Bilder aus Assads Folterkellern, 53 000 Fotos; 28 707 zeigten Gefangene, die die Haft nicht überlebt hatten. Die brisanten Beweisstücke wurden aus dem Land geschmuggelt. Wir traten mit den englischen Anwälten in Kontakt. Ich erkannte einen von ihnen aus Den Haag wieder. Was wir wollten, war Zugang zu »Caesar«. Wir wollten seine Fotos, unbedingt. Und

– 172 –

»Caesar« sagte zu. Dieses unglaubliche Beweispaket könnte die Wende herbeiführen, hoffte ich. Anders als mündliche Aussagen waren fotografische Beweise nicht so einfach herunterzuspielen. Man hatte »Caesar« unter Geleitschutz nach Genf gebracht. Er stand unter besonderem Schutz der Opposition. Unsere Ermittler erhielten die Gelegenheit, ihn zu vernehmen. Vor allem aber bekamen wir die Fotografien in die Hände. Diese Bildersammlung aus den syrischen Schreckenskammern kann niemand vergessen, der sie je gesehen hat. Ich konnte alle möglichen Foltermethoden erkennen. Alles, was man sich vorstellen kann, um einen Menschen zum Reden zu bringen. Und alles, was man sich nicht vorstellen kann. Die Folterer erhielten den Gefangenen am Leben – damit er ihnen nicht zu schnell wegstarb. Die Elektrizität war so eingestellt, um einen Menschen zu quälen, ihn nicht gleich umzubringen. Teils wurden die Wunden sogar versorgt, damit die Unglücklichen nicht gleich verbluteten. Ich sichtete das Beweismaterial mehrmals. Der Militärfotograf machte uns die Identifizierung einfach: Die Toten trugen Namensschilder.

Das FBI überprüfte die Authentizität. Einige Fotos ließen sich nicht verwenden, sie waren vor 2011 aufgenommen worden (»Caesar« hatte einfach das ganze Archiv zusammengepackt). Im Januar 2014 erreichten die Bilder die Öffentlichkeit. An einer Ausstellung im UNO-Hauptquartier konnte man sich über die Taten ins Bild setzen, die Assad so beharrlich geleugnet hatte. Peinlich für jedes Regime, wenn das »private« Fotoalbum öffentlich aufgelegt wird. Am 31. Juli 2014 sagte »Caesar« im US-Kongress aus. Seine Identität wurde geschützt. Experten hielten Vorträge zu den Todesursachen. Rechtsmediziner erläuterten, wie die verhärmten Körper Hunger gelitten hatten. Frankreichs

Außenminister fand vor der UNO deutliche Worte: Nun liege es in der Verantwortung der Staatengemeinschaft, gegen die Urheber dieser Pein vorzugehen. Die Bilder wurden dem Sicherheitsrat vorgelegt. Und dann? Dann konnten sich die Vereinten Nationen nicht durchringen, Den Haag zu beauftragen. Frankreich hatte den Mund zu voll genommen. Es waren einmal mehr Russland und China, die die entsprechende Resolution aushebelten.

Es war schließlich das Fürstentum Liechtenstein, das ein Hintertürchen fand. Sein Botschafter bei der UNO wünschte unsere Einschätzung zur Einrichtung eines »Mechanismus («»International, Impartial and Independent Mechanism«, Generalsekretär-Mechanismus der Vereinten Nationen, kurz IIIM). Ein neues Gremium sollte das gesammelte Beweismaterial sichten, Verfahren gegen Kriegsverbrecher vorbereiten und die Fälle den zuständigen Gerichtshöfen überweisen. Dabei sollte der IIIM der Generalversammlung unterstellt sein, die per Mehrheitsbeschluss abstimmte. Genau betrachtet war der »Mechanismus« nichts anderes als ein »Office of the Prosecutor«, mit dem langen Arm eines Staatsanwalts ausgestattet. So könnten die Prozesse gegen die Kriegsverbrecher ohne weiteren Zeitverlust beginnen, sobald Den Haag beauftragt oder ein Ad-hoc-Tribunal in der Region errichtet würde. Der Vorteil lag auf der Hand: Das Veto-Recht des Sicherheitsrats wäre obsolet, dieser »Mechanismus«, diese köstliche Idee, dachte ich, könnte die Blockade sprengen! Wir stimmten den Liechtensteinern freudig zu und versicherten dem zu bildenden Gremium unsere volle Kooperation.

Der neue UN-Generalsekretär António Guterres setzte den Vorschlag durch – Russland und Syrien, unnötig zu erwähnen, ließen ihre Gegenstimmen vernehmen. Meine Hoffnung stieg:

Eine Prozesslawine könnte losgetreten werden. Freilich würde dies unserer Kommission die Daseinsberechtigung entziehen, wenn ja nun ein sehr viel treffsicherer Pfeil im Köcher der UNO steckte. Mir drangen Andeutungen zu Ohren, ich könnte den »Mechanismus« leiten. Offiziell angefragt wurde ich zwar nicht. Zu haben wäre ich ohnehin nicht gewesen. Nach fünf Jahren Kommissions- und Kompromissarbeit fühlte ich mich ausgelaugt. Stattdessen portierte ich eine wahre Kämpferin als geeignete Kandidatin, meine frühere Assistentin und Rechtsberaterin im Jugoslawien-Tribunal, Cecile Aptel. Für sie konnte ich die Hand ins Feuer legen, Cecile hatte jahrelange Erfahrung in der internationalen Justiz gesammelt und wusste, wie man einen Kriegsverbrecher anpacken muss.

In Gesprächen mit den Botschaftern der Schweiz, Deutschland und einigen anderen positionierte ich sie. Die Ernennung durch den Generalsekretär schien nur noch eine Formsache. Am 4. Juli 2017 wurde zu meiner Überraschung eine französische Richterin berufen: Catherine Marchi-Uhel. Ich wollte Catherine gegenüber nicht unfair sein, sie hatte einen schwierigen Job zu machen. Ich gab ihr gern einige Ratschläge, als sie mich im Palais Wilson besuchte. Aber warum wurde jemand auf diesen Posten gesetzt, der keine Ermittlungserfahrungen mitbrachte? Die Anklageschrift für die Kriegsverbrecher vorzubereiten, die an den Schalthebeln der Macht standen, war keine leichte Sache. Die Verfahren, die seither eingeleitet wurden, betreffen Täter in den unteren Rängen, die, man möge einer alten Bundesanwältin den Ausdruck verzeihen, »kleinen Fische«.

Entgegen meiner Erwartung blieb die Kommission bestehen. Ich schlug vor, wir sollten in globo demissionieren. Um unserem Protest gegen diesen neuerlichen politischen Entscheid Gewicht zu verleihen. »Was wir tun, ist lächerlich«, warf ich in die Runde, »wir erreichen nichts, niemand hört uns zu.« Meine Mitkommissäre sahen mich aus erstaunten Augen an. »Wir müssen bleiben, Carla, wir sind die Einzigen, die etwas tun«, redete Paulo mir ins Gewissen. Mir jedoch stand der Sinn nach Palastrevolte. Ich kannte die Mechanismen der UNO nur zu gut. Pausenlose Sitzungen, nach denen man sich vertagte, um an einem anderen Tag weiterzureden. Immer schon hatte ich das Gefühl, man komme auf den endlosen Fluren nicht vorwärts. Nach den Kriegsverbrecherprozessen von Ruanda und Jugoslawien glaubten wir, die internationale Justiz werde weitere Erfolge feiern. Nie mehr sollten die Verantwortlichen von Völkermord sich schadlos halten können. Stattdessen geriet Syrien zum Skandal für die internationale Gemeinschaft. Dafür müssen die Vereinten Nationen und ihr Sicherheitsrat sich ihrer Verantwortung bewusst sein. Justiz ist nicht möglich, wenn der politische Wille fehlt. Mein Wille, für die Justiz zu streiten, war ungebrochen. Doch mir war klar geworden: Carla Del Ponte war die falsche Person, zur falschen Zeit, am falschen Ort. *Basta,* wie wir zu Hause sagen. Eine letzte Karte hatte ich noch auszuspielen, um mein Blatt ganz auszureizen: Mein Rücktritt aus Protest sollte nicht ungehört bleiben. Ich hatte vor, einen Höllenlärm zu machen, den man bis nach New York hören sollte.

Alles umsonst?

Die Tessiner Sonne scheint mir angenehm ins Gesicht. Aber wann scheint die Tessiner Sonne nicht angenehm? Ich nehme den Morgenkaffee auf der Sonnenterrasse, meine spielenden Enkel im Blick. Keine Sorge, die Nonna – so nennen wir bei uns die Großmütter – passt gut auf. Syrien scheint nun schon weit weg. Doch nur so weit, bis ich meine Tageszeitung aufschlage. Der Krieg hat sich die Titelseiten zurückerobert. Lange war kaum noch in Schlagzeilen berichtet worden. Zu lesen ist von der neuen Generation eines schweren Flammenwerfers, einer fürchterlichen Waffe, die alles Leben zu Asche verbrennt. Ein russisches Fabrikat. Es macht auf dem Kriegsschauplatz als »Höllenkanone« von sich reden. Sie »schmelze« die Terroristen förmlich dahin, wird berichtet. Übersetzt lautet ihre Bezeichnung »Glut der Sonne«. Welch ein Zyniker kann sich so einen Namen ausdenken?

Ich will jetzt nicht mehr vom Krieg lesen. Medienvertreter haben angefragt, man würde mich gern einmal mit den Enkeln ablichten. Die Verbrecherjägerin als Babysitter. Ich bin stolz auf die Kinder meines Sohnes, aber ich will ihre Namen und Gesichter nicht in der Zeitung sehen. Zwar denke ich über Attentate auch weiterhin nicht nach. Aber man braucht das Schicksal ja nicht herauszufordern. Gott sei gedankt für Sicherheitsglas. Wie viel Glück meine Enkel haben, nicht in einem Kriegsgebiet aufzuwachsen, und wie zufällig das Schicksal dieses Vorrecht zuteilt. Den Kindern zuzusehen, erinnert mich an eine andere Nonna. Sie saß stumm neben dem Bett ihrer Tochter, in einem Spital in Gaziantep, es wird im Jahr 2014 gewesen sein. Die junge Frau war in ihrem eigenen Heim in Syrien von einer Bombe schwer verletzt worden. Ihre Familie hatte sie über die Grenze in die Türkei geschafft. In ihren Armen hielt sie ihr Neugeborenes. Die wachsame Nonna ließ das Baby nicht aus den Augen.

Warum, fragte ich mich, ohne es aussprechen zu können, bringt man in diesem Krieg ein Kind zur Welt? Eine andere Mutter hat es mir später einmal auseinandergesetzt: »Wissen Sie, im Krieg ist das die einzige Freude eines Mannes. Dem können wir uns nicht verschließen.« Ich war mir nicht sicher, ob sie die Vaterschaft oder einfach den Sex meinte, aber auf jeden Fall passte die Begründung in die arabische Welt. So kommen Babys zur Welt, die keine Chance auf eine Kindheit haben. Kinder werden von den Freischärlern noch vor ihrem 10. Lebensjahr als »Meldeläufer« eingesetzt, da die Telefone abgehört werden. Doch wer glaubt, den Feind täuschen zu können, indem er ein harmloses Kind losschickt, der irrt. Kinder werden schon darum ins Visier genommen, weil sie die Zukunft des Feindes darstellen.

Meine Erinnerung reicht zurück zum Bericht über ein Kind, das durch einen Starkstromschlag getötet wurde – eine Bombe hatte die elektrischen Kabel freigelegt. Wie viele mögen an Unterernährung gestorben sein? Krankheiten wie die Cholera raffen die Schwächsten dahin. Und dann die Kinder, die auf der Flucht sterben, an purer Erschöpfung, sie sterben als Erste. Und wenn sie die Strapazen überstehen, bleiben sie am längsten gezeichnet. Minderjährige befragten wir nicht. Kinder sind keine zuverlässigen Zeugen. Ihre Aussagen können angezweifelt werden. Nicht, dass man ihren lebhaften Schilderungen nicht Glauben geschenkt hätte. Doch was ihnen geschehen war, konnten sie ja meist noch gar nicht einordnen. Dieser Verzicht bescherte uns beileibe keinen Mangel an glaubhaften Zeugen. Mehr als 5000 Aussagen galt es zu studieren. Einige sind mir wörtlich in Erinnerung geblieben.

Aber ich habe mir vorgenommen, mich nicht mehr so dunklen Gedanken hinzugeben. Vielleicht werde ich nachher noch zu einer Partie Golf aufbrechen, wenn das Wetter sich hält. Ich bin ja wieder auf freiem Fuß, brauche niemandem Rechenschaft abzulegen. Seine ganze Konzentration auf einen kleinen Golfball lenken zu müssen, schließt andere Gedanken aus. Doch das Gedächtnis fördert Bilder zutage. Eine Erinnerung an die Straßenkinder, in verdreckten Lumpen und barfuß. Sie starrten vor Schmutz. In den Flüchtlingslagern, unter der Aufsicht von Erwachsenen, waren die Jüngsten ja zumindest gewaschen. Aber die Kinder, die wir in den Grenzstädten antrafen, waren auf sich allein gestellt. Das bisschen Dreck war ihre kleinste Sorge. Viele hatten die Flucht aus eigener Kraft geschafft und waren nun gestrandet. Wir hatten immer ausreichend Desinfektionsmittel bei uns. Sonst hätte man niemandem die Hand geben können. Ich war innerlich nicht darauf vorbereitet gewesen, so viele Kinder zu sehen. Als Mutter löste das in mir den Wunsch aus, helfen zu wollen. Natürlich war das nicht unsere Aufgabe. Aber wir konnten jemandem eine kleine Freude bereiten, wenn wir Bücher oder Schulhefte stifteten.

Die Straßenkinder waren elternlos und doch unbekümmert. Sie mussten ihr tägliches Essen erkämpfen und waren doch übermütig. Und sie konnten lachen, lauthals lachen. Warum hatte mich das überrascht? Darüber musste ich erst nachdenken. Müssten Kinder, die im Bürgerkrieg ihre Familien verloren hatten, nicht untröstlich sein? Irgendwann verstand ich. Für den Moment waren sie dem Mahlstrom des Krieges entronnen. Sie freuten sich ihres Lebens. Anzusehen war das Trauma nur den Kleinkindern, die bei ihren Eltern waren. Die Straßenkinder, die jeden Tag nahmen, wie er kam, hatten ihre jüngste Vergangenheit erfolgreich verdrängt. Man braucht kein Psychologe zu sein, um vorauszusagen, dass das Erlebte sie irgendwann einholen wird, dass ihre scheinbare Unbeschwertheit nicht von Dauer sein kann. Nicht umsonst nennt man sie die »verlorene Generation«.

Die Schulhäuser in Syrien sind ausgebombt, die Kleinen lernen ihr ABC auf der Flucht. Die Terroristenbande der ISIS zerstörte etliche Schulen, das konnten wir feststellen. Sie steckten schon Kinder in ihre schwarze Kluft, Kanonenfutter fürs Kalifat. Unauslöschlich ist meine Erinnerung an jenes Kind, das die ISIS zum Henker erhoben hatte – es schnitt vor laufender Kamera einem Soldaten den Kopf ab. Was wohl aus diesem Knaben werden wird? Würde diese Tat ihn sein Leben lang verfolgen? Die Vergehen der Terroristen waren am schwersten zu ermitteln. Sie erschienen nur vereinzelt auf unserer »schwarzen Liste«. Unsere Dokumente schlummerten weiterhin im Stahlsafe der UNO ihrer Veröffentlichung entgegen, entlang der Geheimhaltungsvorschriften, auf sicheren Datenträgern gespeichert. Nur in Einzelfällen, und nur auf spezifische Anfrage, hatten wir Namen von Verdächtigen mit nationalen Strafverfolgern geteilt. Foreign Fighters und anderen wurde der Prozess gemacht – Befehlsempfängern, die in der Hierarchie weit unten standen.

Nachdem offenbar noch politische Fragen zu erörtern waren und einem Abkommen zugestimmt werden musste, ob der »Mechanismus« Zugriff auf unser Namensverzeichnis erhält, will Catherine Marchi-Uhel auch das Material der UNO-Ermittlungskommission nutzen, der ich bis vor Kurzem angehört habe. Zwar sind nicht alle Rechercheergebnisse strafrechtlich relevant, einige aber schon.

Unser Mandat war, die Täter zu identifizieren. Doch am Tatort waren wir nicht, und die verschiedenen Seiten haben uns den Zugang zu aufschlussreichen Unterlagen verweigert. Ressourcen hatten wir zu wenig und zu wenig Geld für umfassende Ermittlungen. Vielen der gesammelten Indizien müsste noch auf den Grund gegangen werden, sonst würden die Beweise vor einem Strafgericht nicht standhalten. An dieser Stelle muss ich gestehen, dass diese »Übersicht der wichtigsten Kriegsverbrecher« – immer wieder bekräftigten wir, sie nur einem Gericht aushändigen zu wollen – lediglich aus Namen der unteren Ränge besteht. Es handelt sich nur um die Laufburschen der Obersten, die eigentlich Rechenschaft ablegen müssten: die hochrangigen Militärs, die politischen Funktionäre. Die großen Drahtzieher. Der Chef der Sicherheitspolizei, der Polizeichef, dann die Minister des Präsidenten, schließlich der Boss der Bosse selbst, der *capo dei capi*. Wir waren ja im Besitz seines Organigramms. Aufseiten der Opposition wären es nicht weniger Täter, die ihren Richtern Rede und Antwort stehen müssten. Was wir stattdessen hatten, war die »Crime Base«, die Örtlichkeiten, wo die Verbrechen begangen wurden, die von Zeugen beurkundeten Tathergänge. Eine nicht zu unterschätzende Arbeit, denn gemäß Strafprozessordnung sind diese Angaben wichtige Bestandteile für eine Anklage. Wenn zu einer Tat 15 Einvernahmen gemacht wurden, mussten davon mindestens drei Aussagen schriftlich vorliegen. Doch die Aufstellung der Namen, die »Liste«, taugt für einen internationalen Gerichtshof nicht. Es schmerzt, das zu Papier bringen zu müssen. Die Liste war ein Blatt in einem Spiel, in dem man seine beste Karte verdeckt hält. Man könnte auch sagen, wir haben geblufft.

Dass die Kommissionsmitglieder nicht gerade in Tränen ausbrechen würden, als ich ihnen den Rücktritt mitteilte, war mir klar. Dass sie sozusagen beglückt aufatmeten, überraschte mich dann doch. Die Amerikanerin ließ sich keine Regung anmerken. Zu lange hatten wir uns an unseren Diskussionen aufgerieben. Paulo, der ja nicht für Gefühlsausbrüche bekannt war, nahm meinen Rücktritt sachlich zur Kenntnis. »Gut, aber geh erst im September, dann haben wir Zeit, den Nachfolger zu finden.« Wenn es mir nicht längst klar gewesen wäre, dann hatte der Präsident es mir damit nochmals deutlich gemacht: die Kommission würde weiterbestehen. Sie würde Del Ponte überdauern, vielleicht sogar den Krieg selbst.

Ich nutzte die große Bühne des Filmfestivals Locarno, um vor den Medien die Demission bekannt zu geben. Es fühlte sich richtig an: Ich war als Referentin zu einem Panel eingeladen, und das Ticino war quasi ein Heimspiel. Die versammelten Medien würden meiner Erklärung bestimmt Platz in ihren Bulletins einräumen. So bot sich mir die Gelegenheit, nochmals – letztmals – auf die Untätigkeit der UNO und das Patt im Sicherheitsrat hinzuweisen. Ich wollte die fehlende Unterstützung der Politik reklamieren, solange man mir noch zuhörte. Dass die UNO schleunigst reformiert werden sollte, hat man in Genf sicher nicht gern gehört, ebenso wie die Kritik, die Kommission sei eine »Alibi-Übung« der Vereinten Nationen. Der Satz: In diesem Krieg sind »alle schlecht«, weshalb es mir unmöglich wurde, Gut und Böse zu unterscheiden, machte Schlagzeilen. Bewegte aber nichts. Außer, dass Paulo Sérgio Pinheiro sich letzten Endes nochmals ärgern musste. Er hätte den Rücktritt lieber in aller Ruhe mit der Bekanntmachung des neuen Kommissärs verbunden. Meine unverblümte Art, mich der Presse mitzuteilen, durchkreuzte diesen Plan.

Personalwechsel in der Kommission waren den Medien ansonsten kaum eine Zeile wert (tatsächlich waren die Abgänge auch innerhalb unseres Gremiums unspektakulär, jedenfalls führten wir keine Abschiedsdiners durch). Pinheiro zeigte sich den verbleibenden Mitgliedern gegenüber überrascht – und vielleicht auch ein wenig eifersüchtig –, dass die Weltpresse mir so genau zuhörte. Nun schien er nicht umhin zu kommen, beim Hochkommissariat zu beantragen, die Del Ponte per sofort zu entfernen – schließlich hatte sie ja die Öffentlichkeit mit deutlichen Worten hören lassen, dass die Kommission nichts tauge. Die UNO aber entschied gegen seinen Willen – daran musste Paulo ja mittlerweile gewohnt sein. Das Mandat lief im September 2017 aus, und bis September 2017 sollte ich dem Gremium offiziell angehören.

Zum Zeitpunkt der Drucklegung dieses Buches wird im Brennpunkt Syrien ein weiteres Kapitel der Grausamkeit geschrieben. Erdoğan hat seine Kriegsmaschinerie für eine Offensive in Bewegung gesetzt. Assad lässt die Rebellenhochburg Ost-Ghouta sturmreif schießen. Sondersitzungen des Sicherheitsrats bleiben ergebnislos. Die UN-Resolution für eine unverzügliche Waffenruhe wird gebrochen. Wie gewohnt machen die Kampfparteien sich gegenseitig dafür verantwortlich. Die Aufständischen wollen die Bevölkerung gar nicht entkommen lassen. Sie sind ihre lebenden Schutzschilde. Wenn die Bäcker fliehen, wer soll dann das Brot für die Revoluzzer backen? Fassbomben aus Hubschraubern, Giftgas gegen Zivilisten. Es nimmt kein Ende. Die Eingekesselten können es sich aussuchen: von den Aufständischen als »Verräter« verurteilt zu werden oder als vermeintliche Kollaborateure in die Gewehrläufe des Regimes zu blicken. Am meisten jedoch widert mich die Neuigkeit an, UN-Helfer sollen syrische Frauen sexuell ausgebeutet haben.

Selbst eine schier endlose Eskalation muss doch irgendwann zu einem Abschluss kommen. Eines Tages wird die moderate Opposition vielleicht ins Land zurückfinden, um die Trümmer zu erben. Eine Rückkehr Assads zum Status quo ante ist ausgeschlossen. Ein geregelter Regierungswechsel, in welchem er die Macht auf die moderate Opposition überträgt, scheint mir ebenso unrealistisch. Einen Friedensvertrag kann nur die rechtmäßig gewählte Regierung eingehen. Wir haben in Ex-Jugoslawien die Blaupause dafür angefertigt: Wir schlossen erst einen Frieden mit Milošević. Und klagten ihn dann in Friedenszeiten an. Doch nun ist Assad wieder in Reichweite eines Triumphs, dank der Schützenhilfe von Moskau und Teheran. Sobald der letzte Schuss gegen die Terroristen gefallen ist, wird Baschar al-Assad seine Macht weiter ausdehnen.

Vorstellbar ist die Ausweitung des Stellvertreterkriegs auf die Türkei und die weitere Region, was wiederum Israel erfassen könnte. Die Destabilisierung des Nahen Ostens ist brandgefährlich. Dass Ost und West ihre Masken im Stellvertreterkrieg fallen lassen und direkt mit Bodentruppen eingreifen, galt bislang als ausgeschlossen. Aber ich mag über Politik nicht nachdenken. Schließlich sind es just die Politiker, die den Willen vermissen lassen, dem ein Ende zu machen. Wer weiß schon, welche Absichten wirklichdahinter stecken? Die wahren Hintergründe lassen sich so einfach nicht ermitteln. Die Internationale Gemeinschaft lässt den Betroffenen zwar humanitäre Hilfe zukommen, ist ansonsten aber unbeteiligter Zuschauer des Massakers. Abermals verpassen wir, unsere historische Verantwortung wahrzunehmen. Die Genfer Verhandlungen zeigen lediglich, dass der Friedensprozess stecken geblieben ist. Es muss ein Waffenstillstand ausgerufen werden, der Bestand hat. Das Ende dieses Kriegs wäre das Ende der Straflosigkeit und der Anfang der Gerechtigkeit. Ich erwarte sehnlich den Tag, an dem Assads Haftbefehl ausgestellt wird. Das Jugoslawien-Tribunal hat gezeigt, dass ein Präsident politisch praktisch bewegungsunfähig wird, wenn er seine Ergreifung fürchten muss.

Und früher oder später greifen wir zu. Ob ich dabei eine Rolle spielen würde, wenn der Teufelskreis der Straflosigkeit durchbrochen wird, das hat man mich seit dem Rücktritt mehrfach gefragt. Meine Antwort lautete stets: Ja, aber ich werde auch nicht jünger! Damals, als Kind im Maggiatal, hatte ich mir das Taschengeld mit der Jagd auf Giftschlangen aufgebessert. Die Medien nutzten diese kleine Anekdote gern als nette Parabel für meine Jagd auf Kriegsverbrecher. Dieses Mal musste die Schlangenfängerin sich die Frage gefallen lassen: Waren die Vipern entkommen? Oft werde ich gebeten, *erklären Sie mir, was passiert dort, in Syrien?* Es gelingt mir nicht zufriedenstellend. Journalisten fragen immer wieder: *Frau Del Ponte, wie sieht das Böse aus?* Es lässt sich nicht beschreiben. Das Böse sieht nicht anders aus als wir alle. Das heißt nicht, dass das Böse banal wäre. Das Gegenteil ist der Fall. Der Vergleich mit der Giftschlange ist so abwegig nicht. Das Böse windet sich, es kriecht auf seinem Bauch, ist schneller, als man es ihm zutrauen würde, ist gewissenlos. Es ist schlau.

Ich habe keinen Zweifel daran, dass Assad zu lebenslanger Haft verurteilt würde. Hass jedoch empfinde ich nicht. Nach so vielen Jahren der Strafverfolgung kann ich solche Gefühle ausschalten wie einen Lichtschalter. Emotionen sind dem Strafverfolger hinderlich. Ich musste mich in meinen Tätigkeiten abschotten, die Distanz wahren, um nachts ruhig schlafen zu können. Ich trug von früh bis spät meinen Schutzpanzer. Bestimmt empfanden mich meine Weggenossen deswegen bisweilen als übermäßig hart.

Den Schutzpanzer braucht eine Großmutter nun nicht mehr. Wenn die Kriegsverbrecher mich so sehen könnten, wie ich mit den Enkeln ein Spiel spiele! Ein Anblick, der ihnen wenig Respekt einflößen würde. Haben also die Gesetzlosen gewonnen, wird der Zustand der Gesetzlosigkeit ewig andauern? Falls die Giftschlangen lesen können, seid versichert: Die Zeit wird kommen, da wir euch am Genick packen.

Dank

… an meine Mutter Angela, die mich gelehrt hat zu leben (che mi ha insegnato a vivere).

… meinem Sohn Mario, der mir Freiraum gelassen hat (che mi ha lasciato libera).

… an meinen Bruder Flavio für das häufige Durchlesen.

… und natürlich an Sabine Giger, Roland Schäfli, Oliver Stoldt und Melanie Hübner, die mir dieses neue Abenteuer ermöglicht haben.